陳福成著

陳福成著作全編

第二十一冊　春秋記實

文史哲出版社印行

國家圖書館出版品預行編目資料

陳福成著作全編 / 陳福成著. -- 初版. --臺北市：文史哲,民 104.08

頁： 公分

ISBN 978-986-314-266-9（全套：平裝）

848.6　　104013035

陳福成著作全編

第二十一冊　春秋記實

著　者：陳福成
出版者：文史哲出版社
http://www.lapen.com.tw
登記證字號：行政院新聞局版臺業字五三三七號
發行人：彭正雄
發行所：文史哲出版社
印刷者：文史哲出版社
臺北市羅斯福路一段七十二巷四號
郵政劃撥帳號：一六一八〇一七五
電話886-2-23511028・傳真886-2-23965656

全 80 冊定價新臺幣 36,800 元

二〇一五年（民一〇四）八月初版

ISBN 978-986-314-266-9　　08981

陳福成著作全編總目

壹、兩岸關係

①決戰閏八月
②防衛大台灣
③解開兩岸十大弔詭
④大陸政策與兩岸關係

貳、國家安全

⑤國家安全與情治機關的弔詭
⑥國家安全與戰略關係
⑦國家安全論壇。

參、中國學四部曲

⑧中國歷代戰爭新詮
⑨中國近代黨派發展研究新詮
⑩中國政治思想新詮
⑪中國四大兵法家新詮：孫子、吳起、孫臏、孔明

肆、歷史、人類、文化、宗教、會黨

⑫神劍與屠刀
⑬中國神譜
⑭天帝教的中華文化意涵
⑮奴婢妾匪到革命家之路：復興廣播電台謝雪紅訪講錄
⑯洪門、青幫與哥老會研究

伍、詩〈現代詩、傳統詩〉、文學

⑰幻夢花開一江山
⑱赤縣行腳・神州心旅
⑲「外公」與「外婆」的詩
⑳尋找一座山
㉑春秋記實
㉒性情世界
㉓春秋詩選
㉔八方風雲性情世界
㉕古晟的誕生
㉖把腳印典藏在雲端
㉗從魯迅文學醫人魂救國魂說起
㉘六十後詩雜記詩集

陸、現代詩（詩人、詩社）研究

㉙三月詩會研究
㉚我們的春秋大業：三月詩會二十年別集
㉛中國當代平民詩人王學忠
㉜讀詩稗記
㉝嚴謹與浪漫之間
㉞一信詩學研究：解剖一隻九頭詩鵠
㉟囚徒
㊱胡爾泰現代詩臆說
㊲王學忠籲天詩錄

柒、春秋典型人物研究、遊記

㊳山西芮城劉焦智「鳳梅人」報研究
㊴在「鳳梅人」小橋上

總序：陳福成的一部文史哲政兵千秋事業

陳福成先生，祖籍四川成都，一九五二年出生在台灣省台中縣。筆名古晟、藍天、司馬千、鄉下人等，皈依法名：本肇居士。一生除軍職外，以絕大多數時間投入寫作，範圍包括詩歌、小說、政治（兩岸關係、國際關係）、歷史、文化、宗教、哲學、兵學（國防、軍事、戰爭、兵法），及教育部審定之大學、專科（三專、五專）、高中（職）等各級學校國防通識（軍訓課本）十二冊。以上總計近百部著作，目前尚未出版者尚約二十部。

我的戶籍資料上寫著祖籍四川成都，小時候也在軍眷長大，初中畢業(民57年6月)，投考陸軍官校預備班十三期，三年後（民60）直升陸軍官校正期班四十四期，民國六十四年八月畢業，隨即分發野戰部隊服役，到民國八十三年四月轉台灣大學軍訓教官。到民國八十八年二月，我以台大夜間部（兼文學院）主任教官退休（伍），進入全職寫作高峰期。

我年青時代也曾好奇問老爸：「我們家到底有沒有家譜？」

他說：「當然有。」他肯定說，停一下又說：「三十八年逃命都來不及了，現在有個鬼啦！」

兩岸開放前他老人家就走了，開放後經很多連繫和尋找，真的連鬼都沒有了，茫茫無垠的「四川北門」，早已人事全非了。

但我的母系家譜卻很清楚，母親陳蕊是台中縣龍井鄉人。她的先祖其實來台不算太久，按家譜記載，到我陳福成才不過第五代，大陸原籍福建省泉州府同安縣六都施盤鄉馬巷。

第一代祖陳添丁、妣黃媽名申氏。從原籍移居台灣島台中州大甲郡龍井庄龍目井字水裡社三十六番地，移台時間不詳。陳添丁生於清道光二十年（庚子，一八四〇年）六月十二日，卒於民國四年（一九一五年），葬於水裡社共同墓地，坐北向南，他有二個兒子，長子昌，次子標。

第二代祖陳昌（我外曾祖父），生於清同治五年（丙寅，一八六六年）九月十四日，卒於民國廿六年（昭和十二年）四月二十二日，葬在水裡社共同墓地，坐東南向西北。陳昌娶蔡匏，育有四子，長子平、次子豬、三子波、四子萬芳。

第三代祖陳平（我外祖父），生於清光緒十七年（辛卯，一八九一年）九月二十五日，卒於（年略記）二月十三日。陳平娶彭宜（我外祖母），生光緒二十二年（丙申，一八九六年）六月十二日，卒於民國五十六年十二月十六日。他們育有一子五女，長子陳火，長女陳變、次女陳燕、三女陳蕊、四女陳品、五女陳鶯。

以上到我母親陳蕊是第四代，到筆者陳福成是第五代，與我同是第五代的表兄弟姊妹共三十二人，目前大約半數仍在就職中，半數已退休。

寫作是我一輩子的興趣，一個職業軍人怎會變成以寫作為一生志業，在我的幾本著作都詳述（如《迷航記》、《台大教官興衰錄》、《五十不惑》等」。我從軍校大學時代開始寫，從台大主任教官退休後，全力排除無謂應酬，更全力全心的寫（不含為教育部編著的大學、高中職《國防通識》十餘冊）。我把《陳福成著作全編》略為分類暨編目如下：

壹、兩岸關係

①《決戰閏八月》②《防衛大台灣》③《解開兩岸十大弔詭》④《大陸政策與兩岸關係》。

貳、國家安全

⑤《國家安全與情治機關的弔詭》⑥《國家安全與戰略關係》⑦《國家安全論壇》。

參、中國學四部曲

⑧《中國歷代戰爭新詮》⑨《中國近代黨派發展研究新詮》⑩《中國政治思想新詮》⑪《中國四大兵法家新詮：孫子、吳起、孫臏、孔明》。

肆、歷史、人類、文化、宗教、會黨

⑫《神劍與屠刀》⑬《中國神譜》⑭《天帝教的中華文化意涵》⑮《奴婢妾匪到革命家之路：復興廣播電台謝雪紅訪講錄》⑯《洪門、青幫與哥老會研究》。

伍、詩〈現代詩、傳統詩〉、文學

⑰《幻夢花開一江山》⑱《赤縣行腳・神州心旅》⑲《「外公」與「外婆」的詩》、⑳《尋找一座山》㉑《春秋記實》㉒《性情世界》㉓《春秋詩選》㉔《八方風雲性情世界》㉕《古晟的誕生》㉖《把腳印典藏在雲端》㉗《從魯迅文學醫人魂救國魂說起》㉘《60後詩雜記詩集》。

陸、現代詩（詩人、詩社）研究

⑰《政治學方法論概說》⑱《西洋政治思想概述》⑲《中國全民民主統一會北京行》⑳《尋找理想國：中國式民主政治研究要綱》。

拾參、中國命運、喚醒國魂

㉑《大浩劫後：日本 311 天譴說》、《日本問題的終極處理》㉒《台大逸仙學會》。

拾肆、地方誌、地區研究

㉓《台北公館台大地區考古・導覽》㉔《台中開發史》㉕《台北的前世今生》㉖《台北公館地區開發史》。

拾伍、其他

㉗《英文單字研究》㉘《與君賞玩天地寬》（別人評論）㉙《非常傳銷學》㊿《新領導與管理實務》。

我這樣的分類並非很確定，如《謝雪紅訪講錄》，是人物誌，但也是政治，更是歷史，說的更白，是兩岸永恆不變又難分難解的「本質性」問題。

以上這些作品大約可以概括在「中國學」範圍，如我在每本書扉頁所述，以「生長在台灣的中國人為榮」，以創作、鑽研「中國學」，貢獻所能和所學為自我實現的途徑，以宣揚中國春秋大義、中華文化和促進中國和平統一為今生志業，直到生命結束。我這樣的人生，似乎滿懷「文天祥、岳飛式的血性」。

抗戰時期，胡宗南將軍曾主持陸軍官校第七分校（在王曲），校中有兩幅對聯，一是「升官發財請走別路、貪生怕死莫入此門」，二是「鐵肩擔主義、血手寫文章」。前聯原在廣州黃埔，後聯乃胡將軍胸懷，「鐵肩擔主義」我沒機會，但「血手寫文章」的

「血性」俱在我各類著作詩文中。

人生無常，我到六十三歲之年，以對自己人生進行「總清算」的心態出版這套書。

回首前塵，我的人生大致分成兩個「生死」階段，第一個階段是「理想走向毀滅」，年齡從十五歲進軍校到四十三歲，離開野戰部隊前往台灣大學任職中校教官。第二個階段是「毀滅到救贖」，四十三歲以後的寫作人生。

「理想到毀滅」，我的人生全面瓦解、變質，險些遭到軍法審判，就算軍法不判我，我也幾乎要「自我毀滅」；而「毀滅到救贖」是到台大才得到的「新生命」，我積極寫作是從台大開始的，我常說「台大是我啟蒙的道場」有原因的。均可見《五十不惑》、《迷航記》等書。

我從年青立志要當一個「偉大的軍人」，為國家復興、統一做出貢獻，為中華民族的繁榮綿延盡個人最大之力，卻才起步就「死」在起跑點上，這是個人的悲劇和不智，正好也給讀者一個警示。人生絕不能在起跑點就走入「死巷」，切記！切記！讀者以我為鑒！在軍人以外的文學、史政有這套書的出版，也算是對國家民族社會有點貢獻，對自己的人生有了交待，這致少也算「起死回生」了！

順要一說的，我全部的著作都放棄個人著作權，成為兩岸中國人的共同文化財，而台北的文史哲出版有優先使用權和發行權。

這套書能順利出版，最大的功臣是我老友，文史哲出版社負責人彭正雄先生和他的夥伴們。彭先生對中華文化的傳播，對兩岸文化交流都有崇高的使命感，向他和夥伴致上最高謝意。

台北公館蟾蜍山萬盛草堂主人　陳福成　誌於二〇一四年
五月榮獲第五十五屆中國文藝獎章文學創作獎前夕

目錄
CONTENTS

春秋記實

北京前門

北京景山全景

北京東四牌樓

北京萬壽山

紫禁城太和門

紫禁城之太和殿

北海瓊島

自序：我來寫春秋

公元二〇〇四年三月十九日在中國大歷史舞台上
又上演一小齣篡竊大位的老戲劇
情節安排的太粗濫，還是騙走許多人的眼睛
只是一場島嶼上的騙局，竟割了眾生的喉
眾生退化、異化，成為一座妖魔叢林
被割斷的忠信、道德、仁義，噴血染紅天空

眾生人人自危，最不願看到騙子強盜
用搶用竊，掠奪國柄
紛紛湧到凱達格蘭大道、中正紀念堂
要把竊國、篡位者趕下台
奈何權力在握，抓住了殺人機器
縱使五十萬人、六百萬人

春秋記實

也如群牛
對一座山吼叫
——永無回應
我們只好再到雨花臺，再立一坐「篡字碑」
「綠賊篡國」

我，回到書房寫「春秋」
用我「董孤之筆」春秋記實
揭開不法政權的作票、作弊真相
記錄非法政權的作假、作亂實況
告訴天下人
綠營是一個邪惡政權、非法政權
綠營啟動了人性中的「黑暗機制」
美麗的寶島為何沈淪？

海水倒灌、山洪爆發、移山倒海、土地下沈
眾生在水深火熱中浮浮沈沈
大火焚天，木水淹沒山城
大難連連，人禍啟動天災
這是天譴
人民有甚麼方法可以結束天譴？
有，啟動第三次革命，推翻竊國者（如附件）
關閉綠營的「黑暗機制」
人間才有機會重回藍天白雲

亂臣、賊子、竊國者怕甚麼？
怕你告他嗎？不，因為叢林綠化變質了
怕你推翻嗎？不，他可以用槍維持叢林
怕你抗議嗎？不，牛群再多，也不能把山吼倒
又怕砰砰嗎？不，用億兆人民的血汗錢

春秋記實

打造銅牆鐵壁的皇宮，獨立在裡面，爽就好！
而眾生，去跳樓、跳海、餓死、淹死……
躲在皇宮內的蛇頭和妖魔們對外放話：
「沒飯吃，為甚麼不吃牛肉？」

亂臣、賊子、竊國者怕甚麼？
小偷強盜怕甚麼？
他們到處殺人放火，天不怕、地不怕
但，孔子寫春秋，為甚麼亂臣賊子懼？
為什麼？
我從中正紀念堂回來寫「春秋」
人民心中，依然有春秋

記註：一座原本綠油油，漾漾然的美麗之島，一座原本生氣蓬勃的叢林，為甚麼天災、天譴不斷——就在這綠色恐怖的四年？？？這是「天之災」嗎？絕非，是綠色恐佈啟動了人心中的「黑色機制」。因此，天要嚴懲這些腐化、惡心的人心。

叢林正在妖魔化，即將失控、崩解、塌陷，眾生何處逃竄？跳樓、跳海、或啟動「第三次革命」，本書是台灣地區綠色恐佈執政的觀察、記錄和批判，未來中國史不會忘記民進黨精心設計的「319 槍擊竊案」。

為挽救國家的沈淪，社會人心的全面腐化，此刻支持施明德倒扁，支持民主同盟的人民革命，全民推翻不仁不義不法的台獨偽政權。

第一輯 春秋不在

自從公元二〇〇四年三月十九日的兩顆子彈
台灣氣候發生劇變
長年春秋不在……

南湖群山風光

▲向陽山

▼「聖稜線」解說

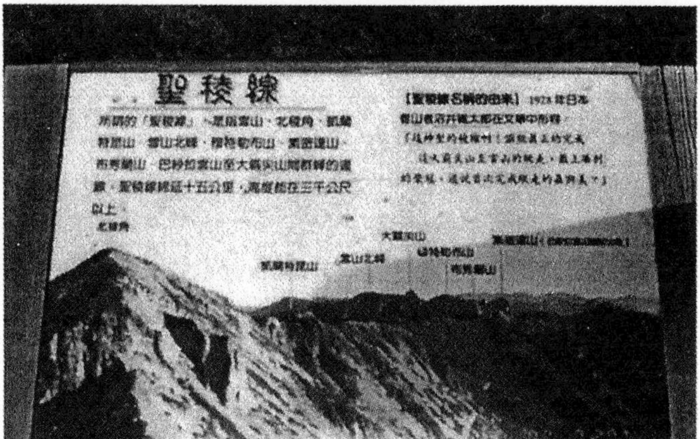

春秋不在

自從公元二〇〇四年三月十九日的兩顆子彈
台灣發生氣候劇變
長年春秋不在，只剩炎夏寒冬
冷熱溫差過大已不適人居
勉強住下去絕大多數生物因
高溫而成為一塊行屍走肉，或因
過度低溫冷凍而終日神智不清

你看！明明是春花秋月的季節
朝庭之上，烽火連天，烽鼓頻催
滿朝文武，偷大位後，焚林而獵

武官獻計，擴大軍備，點燃戰火
文官表態，去中國化，焚書坑儒
烈焰燒漫天
吃肉嗜血的政客一樣被烤的焦頭爛額
大街成人海，洶湧沸騰
而人心苦寒、飄雪
四月雪、五月雪、六月雪、七月雪⋯⋯

你看！春秋不在，人性顛倒
朝庭之上，到處是走狗蟑螂或鼠輩禿鷹
掌權的禿鷹，結合黑白兩道
吃肉、洗錢、進行五鬼搬運
還有滿街狼犬虎豹也算是叢林頂層的掠食者

春秋記實

二千三百餘萬生靈儘管學歷高
然，此處無人，知恥字

高溫與低寒交錯
氣候的劇變，使春秋不在
環境造成了生物退化論，已成事實
春秋不在
台灣已成了無人島
只剩一群病死豬，口蹄疫或狂牛症的生物異化者

二〇〇五十一月，台灣獨派執政現象

「319搶案」驗證了甚麼？

以前，西方有落客，囉唆和夢的斯鬮等君
提出建構民主政治理論的基礎在
「用拳頭替代彈頭」，舉手表決也
之後，在美國、菲律賓…許多地方
最近，公元二〇〇四年台灣地區也有精密驗證
「319槍案」成為奪權經典
證明「彈頭替代拳頭」才是叢林真理
一個理論經過不斷實驗，得出
「普遍性法則」，進而成為「統一理論」
這就是真理的價值與威力

因此，兩顆子彈的威勢是無窮的
子彈經政治的加持，貫穿力可達無堅不摧
子彈經權謀的加持，防禦力超過銅城鐵壁

是故，人倫道德、司法監察、法律秩序…
在經過加持的子彈威勢面前

薄如蟬翼
矮若侏儒
「禍爾魔煞」島成為物種退化特區
綠色人馬只是一群新退化而成的「類人」
「319 槍案」驗證了其麼？
落客、囉唆和夢的斯闢的理論是錯的
達爾文的進化論是正確的

「用拳頭替代彈頭」，退到「用彈頭替代拳頭」
實際上是進化的
是故，中國的統一最終還是依賴武力
這是「319槍案」用槍驗證出來的真理
讓我們大家來檢驗真理吧！

二〇〇四年三月

二○○四年「五二○」凱達格蘭大道角落一景

虎頭
躲在防彈玻璃內商討
螳臂當車的計策
總結以象徵主義、餵食各方饑渴的索求

鷸蚌
雖相持不下，總算有一點點制衡效果
蝦荒蟹亂之際
大家忖度著那群漁夫可能只是頹廢主義者
鳩占鵲巢後，為安撫蠢蠢欲動的幽靈
演講全文只好採取神秘主義的畫風

最清楚的一句，只要有政權，剩下的是
蛇尾

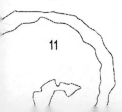

現狀

高層
得了傷心病狂症，群醫束手無策
每日痰喘，從高處吐出毒痰
落在人民嘴裡
有些落在地上
政客和成群乖狗狗爭相嘗舔
有的吃上癮了，還要更上層樓，找機會
舐痔吮癰
然後說：像吃燕窩
壓寨夫人吐出一糰糰口水，成群乖狗狗搶著吃

說吃起來像口香糖
又倒出一盆盆洗屄的水，大家搶著喝
說喝起來比咖啡香

眾生

吃毒痰，成癮成癖
吃政治，得瘴得癘
痌瘝在抱，從未痊癒
入閣的，一夜就病成一個痀瘻的老人
在野的，三月沒吃就餓成一隻大ㄊㄟ魚
大家都滿腹疙瘩，就得下猛藥
開腸破肚
心，拿出來

血，倒出來
心的震捍，血的熱度
定能赫走瘟神
使風調雨順，國泰民安

二〇〇三年歲杪

奇美塑膠花店

精心設計，不著痕跡
把犯罪事實
藏在
奇美，非常奇美
人山人海的奇花美草中
有如一場騙人的遊戲
從頭到尾在
奇美　寮室　花店中
製造出一株株奇美的塑膠花及相關產品
放滿了花店

卻仍然都是假貨、假山、假水
就連那花香、奇美
全是假的，假情假意
顏色塗的再美，香水灑的再多，造型再奇
也是一屋子塑膠花
假的花
奇美啊！奇美！

二〇〇四年三月

國旗的控訴

我向民意機關發出最沈痛的指控
一個滿口仁義道德的人說要帶我參加大頭目的慶典
事後在一個陰暗角落強姦我，丟下我
蒼天的眼淚沾溼了我美麗的彩衣
我要告他
他的唾液和精液還留在我身上

我向調查單位訴說
一個人模人樣的人說要帶我去看大頭目演戲
到了現場我才發現上當了，許多我的同仁也上當了
他們羞辱我、毀傷我，然後遺棄我

我要告他們
我身上還留有兇手的指紋
我是一支比較幸運的小國旗
那個人用完我，還想改我的名字
我不願意，是我自己逃跑的
我也不想告誰
只想告訴全天下的人
那群人都是詐騙集團兼集體性侵害者
千萬不能相信他們

93年「五二〇」凱達格蘭大道場景

註：93年5月20日，一群叛國者兼竊盜集團，竟公然在凱達格蘭大道上說要舉辦大頭目的就職大典，天啊！竊國者可以公然行之，而人民無可奈何！是道德沈淪或正義早

被姦殺後棄屍滿地，如那群偷盜者，在青天白日上手淫，射精後，爽了！手上的彩旗便棄之如破鞋。

（刊於世界論壇報，世界詩壇51期，93年10月14日）

夜風與綠葉的對話

月黑風高，四下無人

窸窸窣窣

黑風與綠葉已連續對話一年了

「讓真相永遠沈入海底」

「讓真相永遠沈入海底」

「讓真相永遠沈入海底」

……

「把山拗倒，把路拗彎」

「也絕不能讓真相露白」

至少，樹葉是真的

枝幹是真的
風吹是真的
只有根部是假的，沒關係
夜風與緣葉持續千年對話
「讓真相永遠沈入海底」
「讓真相永遠沈入海底」
……
「絕不能讓真相露白」
……

註：那些中華民族的萬年敗類，以「319案」偷取大位後，又拒絕成立「真相調查委員會」，真叫人痛心！對啦，小偷行為當然不能見光。作於二〇〇四年歲杪

烽火連三月

從三月十九日點燃一把火
一把假的火
就真的燒了起來
真的燒了四月
真的燒了五月
真的燒了六月

一把一把又一把假的爟火連天的燒
有些在夜裡燜燒
有些就在大白天燎原
有些被嚴密管控在鍋爐中熬燒

瘋火連三月，焚燬了些甚麼？
人證燒了
物證燒了
關鍵影子燒了，關鍵聲音也燒了
一切不利的因素，全部一把火、一把火……
再一把火，燒個精光

現在，把原來
一座綠油油、水當當的
藍天、白雲、全都燒了
所有人倫、道德、愛心、信心也燒了
燒成一堆堆

深綠色的灰燼

最後，都燒的差不多了
扁—柏，還有那侯有疑
啟動調查機制
調查那瘋火連三月
瘋火燒了些甚麼？
各有關單位，雷厲風行
針對一堆堆的灰燼
提出一疊疊的報告
總結論
高溫燒過的灰燼，DNA不能辨識

（葡萄園詩刊，165期，2005年春季號。）

人心，為何獸化？

民主進步兵工廠
製造奪權的槍
兩顆子彈
擊碎一部憲法和一切法律

槍桿子出政權後
人倫、道德、親情、友情、愛情
縱使堅如銅牆鐵壁
兩顆子彈就
擊穿、碎裂、崩解、斷絕
兩顆子彈

利慾薰心
摧毀整座叢林
綠林毒化，水質惡化，到處黑心腐化
叢林惡質
人心，獸化
整座叢林中的眾生
沒有任何物種是贏家

後記：台灣社會的惡質從獨派執政開始，因為分離政權的本質是「暫時的」，那些偷取大位的政客，想到一輩子只有這次機會，此刻不大撈一票，尚待何時，那裡顧得了「禮義廉恥」，就像辜寬敏這種無恥的漢汗、台奸（施明德語），看來百萬人民倒扁運動，要給那些台獨份子上一課「禮義廉恥」，該是沒用的，他們不懂這四字。作於二〇〇六年九月。

新進化論

絕大多數的犬
有了選票
就會快速進化成狼

蛇有了權力
經一夜蛻化
便能昇華成蟒

給你寵幸的小貓咪
授以大官職位
很快就長成一隻巨——大貓

秋水詩刊，125期，94年4月

黑奴啊！覺醒

一座水噹噹美麗可愛的叢林
原本上有藍天白雲
大地終年林木青綠
翠微芳香，你看
每一隻狗都懂得忠孝仁愛
每一棵樹都認識信義和平
鳥也有禮義廉恥

怎麼？才四年，整座叢林變黑了
竟成了一座黑心叢林
甚麼東西腐化了叢林？到處是黑心

你看！叢林頂層黑幕重重，一糰黑漆漆
四季黑箱作業，而人民願意背黑鍋
啊！黑奴，廿一世紀了
整座叢林都住著黑奴
此刻，你看，那玩弄權力的人
正在頂層虎虎生風，腐敗的病毒
像黴菌、梅毒、AIDS⋯。
隨風飄散，在社會、人心中繁殖、擴展
而那統治階層，五院，正在用權力
手淫
在黑暗中銷魂、射精、取爽、謀利
叢林已經虛脫了

黑奴仍在林中掙扎
啊！黑奴，覺醒吧！

後記：二〇〇五年十二月的「三合一」選舉，獨派慘敗，但得票率仍有大約四成，一個做假偷位的政權，吃錢、洗錢、貪污、腐敗、無能的政權，仍有人投票給他們，黑奴啊！永不覺醒！

巨禍

台毒闖下天大的漏洞
女媧再世也
難補

縱使只用口水搞台毒
掀起海峽巨浪
大禹再世也
難治

戰火漫天的燒
拿來芭蕉扇也不能
熄火

這是一塊難補，難治又燙手的破碎地盤

註：二〇〇四年至二〇〇五年，連續兩年的台毒都在搞「二二八義和團活動」，製造永無休止的戰火，燒吧！火繼續的燒，燒掉整座叢林，佛祖也救不了，完稿於二〇〇五年三月。

千禧年後

不當走狗
不當米蟲
不當寵物
想當飛鳥
鳥小、小鳥，可以到處溜
在天空，笑！笑！笑！
百年笑話

或當一隻潛龍，深居
高臥也成，探頭看看那
百年笑話

如何在時空的長廊
發酵、起魈
千年、萬年

註：「三一九案」的「假槍擊案」，影星成龍認為是「百年笑話」，依我看是千年、萬年笑話，是「民族笑話」，一種恥辱，台灣的恥辱，而有半數的台灣人不自覺，不自省。回顧歷史，「曹丕篡漢」、「燕王篡位」、「袁世凱篡國」，千秋萬世都仍受歷史批判，豈止是「百年笑話」！

現在

抓一把風聲就可以辦人
網一隻影子就可把人推下台
用一些顏料就可以把
任何人毀容、抹黑或抹紅

現在到處流行作做
只做樣子，不管裡子
大總統領導作票、作案
大家學習作假、作弊
民怨沸騰，以為芻狗向天叫

叫不倒一座山
廟堂之上，到處妖孽
國將亡，島將沉

二○○五年秋「319 槍擊弊案」
司法結案有感

打「119」給上帝

我要報案，恐怖的殺人案

扁不殺人，扁竟殺人；

殺法翻新，民奈扁何？

水扁眾生，大海倒灌；

大山奔走，土石奔流

人禍還是天譴？

民奈扁何？還是民自找之？

我向上帝報案

後記：二〇〇五年十二月，台灣地區執政的獨派被人民唾棄，陳水扁支持度降到二成以下，等於八成以上人民都唾棄了他，但他依然高高在上，依然騎在人民頭上繼續作案，任多少天災人禍（其實都是人禍）蔓延。立法、司法單位一半死了，一半被收買了，我只好向上帝報案。

誰養的兩顆子彈？

誰養的兩顆子彈真聽話？
叫他轉彎就轉彎
叫他不殺就不殺
比包養的情婦還乖

誰養的兩顆子彈真厲害？
可以顛覆物理學、化學
可以顛覆人倫、道德
顛覆一切真相
色即是空，空即是色
無即是有，有也是無

春秋記實

無中生有，把佛法也顛覆了
誰養的兩顆子彈？
不怕天譴乎？

二〇〇四年歲杪

綠色恐怖

綠色代表生命和權力
因此只要綠色，其他顏色都是假的
只管輸贏
海，任他淹沒大地吧！
山，任他倒下掩埋眾生吧！
眾生都入土為安
是綠色最後的勝利

綠色，只要贏
贏得天下，綠化天下
靠山吃山，靠海吃海，何須尊重？

春秋記實

大地，本來就是讓我踐踏的
我踏平天下
才有天下

綠色天下
天下綠色
只有流血，只有殺戮，只有權力
只為贏
只有贏是真的，其他都是假的
作票、作弊、作假，假的就是假的
有那麼嚴重嗎？

作於二〇〇二年春，二〇〇四五月再修

那幾天夜裡，風聲說甚麼？

事前，一連幾天的夜裡
風聲日緊
我推開窗扉，側耳傾聽
那聲音，一連幾夜
時而呼嘯，時而低吟
肯定是生靈所發出的聲音
在說些甚麼？
保住蛇頭、保住蛇頭
沒有頭頭能幹出甚麼大事？
只是

那隻妖精、那隻妖精
那隻妖言惑眾的妖精
得優先把她處理掉
這也是不得已的犧牲
那天下午以後，砰！砰！
風聲日緊
風聲鶴唳
年頭吹到年尾
日緊的風聲也愈來愈寒冷了
直到現在，炎夏
許多人人心裡還是毛毛的／冷冷的⋯

二〇〇四年五月我聽到的風聲⋯⋯

鉅型綠島

當綠島小夜曲已經老化的成為一種
斷斷續續的記憶
一個更大型結構化的綠島
清清楚楚在你我的眼前
型塑而成

為了要關更多的人犯
新的綠島有了更多的鐵窗鐵架和電網
用顏色樹起重重的高牆
用拒馬阻絕所有異議
人犯不斷的增加

所有非綠色人馬都是罪人，罪該萬死
所有和對岸互通有無的是罪魁，割喉處死
所有心中有藍天的生靈，打入綠林監牢

幾千萬都是罪人，都該進綠島
天啊！全世界最大的一座綠島
三萬六千平方公里的大綠島
也算世界叢林中的奇跡

後記：四百年前，鄭成功收回台灣，不久兩腿一蹬走了，台灣內部就分成統派和獨派，無休止的內鬥內耗內損，直到被統一。之後，歷史一再重演，四百年後的今天，依然如故。幸寬敏那些台奸為何不想想這些道理，台灣若搞獨立，必自陷成為一個「大綠島」，各派人馬都住進大綠島，何樂之有？作於二〇〇二年，二〇〇五年春再修。

綠色災難

依風聲入人於罪
結果是邪魔當道，而忠良死於非命
用口水治山防洪
結果是山河變色，而土石奔流
子民奔離
靠顏色決定升官發財
綠豆芽就能放在廟堂之上當成
國之棟樑
結果可想而知
一點風、一點雨，就全部屋毀人亡

看啊！那綠色人馬組成的綠林
使「禍而謀弒」成為世界第一大「綠島」
綠營不軌，綁票全民戴綠頭巾
綠營沈淪，家家戶戶被拉下海成了綠燈戶
啊！原先是民主的綠洲，已成
綠色災難
這是天譴抑或人禍？

作於二〇〇三年春，二〇〇四年秋再修訂

「319槍案」槍擊事件完结篇

經過鬼斧神工的佈局
殺人滅口，毀屍滅跡後，自以為
神不知，鬼不覺，人好騙
終於宣佈破案了，事件的主謀是
一個鬼魂做的案
你看那天下午
他鬼鬼祟祟，鬼影憧憧，魂不附體
這不是鐵證如山嗎？
天理何在？
活生生的一個人，被滅口後，竟又被抓來

當替死鬼
而真正的鬼尚游走於人間
又不斷繁殖演化成更多
魑魅魍魎、魆鬾魕魋
一群鬼怪魔族當道
福爾謀殺使天堂變地獄，使陽間成了陰間
看啊！鬼族推磨，把人民當成驢子磨
聽啊！鬼哭神號，把人民當成走狗使

終究要寫下完結篇
代表一個經典、完美
創作的完成
從此以後，這個在肚子上的名作，同時也

打穿兩千三百萬人的腦袋
使全民的平均IQ降到白痴水平
使全民的整體EQ完全失控

啊！寶島，孽根禍胎，回頭無岸

孽障種子又生孽緣
願我佛慈悲，普渡眾生
令人間無鬼，超渡那被滅口替死的
鬼，早成魁星

註：94年8月16日聞「319槍擊案」結案，內心有感，有說不清的複雜，只能說百感交集。

第二輯 叢林真相

耗子再聰明也頂多幹些鼠竊狗偷

不會設計偷走國寶

↕黃山盛景

↕安徽宏村明清古鎮

叢林真相

草ㄇㄟˋㄚˋ也弄雞公
絕不會拖眾生下水
一起去送死

狐狸會使詐
也絕不可能啟動一個機制
欺騙蒼生

萬獸之王能稱王
也是用公正、公平、公開、實力
拿取天下

春秋記實

野狼再厲害也絕不可能向誰
割喉

耗子再聰明也頂多幹些
鼠竊狗偷

不會設計偷走國寶

叢林的真相是甚麼？
古木參天，或一片綠油油
眾生在一座公正、公平、公開的平台上
爭食

叢林是誠實的，不會無中生有
叢林是實在的，不會虛偽造假

叢林爭勝也有一定法則
不靠「兩顆子彈」

後記：九十三年六月二十三日，我返校參加「台灣大學教授聯誼會」，會議由會長電機系教授江簡富博士主持，會中有本校社會科學院院長包宗和教授（現在台大副校長）演講，題目是「恐怖主義對國際關係發展的影響」。講畢討論，我起立發言，表示國內自「三一九槍擊事件」後，政治與社會日趨「叢林化」，大家不守人倫道德規範，只顧血淋淋的爭強爭勝，很叫人憂心。

在場的本校退休教授，前植物系李學勇博士發言，表示自達爾文提出進化論以來，人們把社會上弱肉強食，虛偽詐詐等現象，說成「叢林化」，是對達爾文進化論的誤解，甚至是對叢林中各種生物的「污名化」。事實上，叢林中各種生物都是誠實的，生存競爭也是公平、公開，講究實力的，絕不可能像人類這般胡整惡搞，虛偽造假，無中生有。

老教授陳詞激昂，給在場的人上了一課正確的進化論，我有同感，信手拈來，草成一詩，相信，叢林眾生很誠實，可愛的，也很實在的，絕不可能搞「兩顆子彈」騙取天下眾生的心，更不會玩「割喉」遊戲，玩弄同類。

其實，不用達爾文說，叢林早有真相，我國最早的詩歌作品，「詩經・鄘風」相鼠篇：

相鼠有皮，人而無儀。
人而無儀，不死何為？
相鼠有齒，人而無止。
人而無止，不死何俟？
相鼠有體，人而無禮。
人而無禮，胡不遄死？

「相鼠」在解釋人際關係，或社會和諧之維繫，還是得靠「四維八德」，翻成白話文：

看那老鼠有皮，做人反而沒有禮義廉恥。
人無禮義廉恥，不去死還活著做甚麼？
看那老鼠有齒，做人反而不知禮義廉恥。
人無禮義廉恥，不去死還要等到何時？

看那老鼠有體，做人反而不知有體有格。

做人沒體沒格，不趕快去死尚待何時？

原來叢林真相，本來就是有體有格，有禮有恥，叢林眾生是誠實可愛，不會作票、作假、作亂，李學勇老教授一言，發人深省。

二〇〇六年九月再補記：施明德先生發起百萬人「倒扁」運動，高高樹起「禮義廉恥」四個大字，篡竊者那懂這四個字。但在中國歷史上，任何政權凡四維八德蕩然後，就鐵定要垮台，管子不是說了嗎？「禮義廉恥，國之四維，四維不張，國乃滅亡。」

變色的叢林

一座綠油油，水噹噹的美麗叢林
有小貓叫、小狗跳，蝴蝶飛舞
魚兒在溪中浣花戲水
一夜間，頓然變成
黑森林
許多牲畜都說沒看見

只有蝴蝶最有感覺
只有蝴蝶知道綠林變成黑森林的秘密
原來綠林物腐蟲生
從土壤底層深心就開始變黑

黑水，從人慾橫流的臭水溝中流出
濁黑汁液
生物便從根部開始腐爛，向上發展
高層，不斷有惡臭腐敗滲出
從屍的穴中
從權力的慾海中

才四年，一座綠油油的叢林
頓然變成黑森林
縱使有藍天白雲能奈何？

作於二〇〇四年春

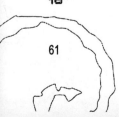

叢林新景觀

睡不著
到公園數羊
一隻羊、兩隻羊、三隻羊……
零零星星
綠林深處
有狼跡幢幢
天亮了
到街上走走
一隻虎、兩隻虎、三隻虎……
虎虎生風

成群結隊
把郊狼團團圍住
小白兔躲的遠遠的

往上看
在叢林高層
一條蛇、兩條蛇、三條蛇……蛇蠍成團
一隻鼠、兩隻鼠、三隻鼠……鼠輩成群
蛇鼠橫行
小心
蛇口蜂針
蛇兔聯盟
蛇吞象

向下深探

整座叢林

狠犬成群

綠林眾牲，惡業共成

作於二〇〇三年，獨派執政的社會現象觀察，二〇〇五年再修訂

妖魔叢林

蛇頭和妖魔躲在固若金湯的透明室內
怕遭受四靈生物之天譴
室外搖旗吶喊的鼠輩
自以為排名第一就是贏家
不久也抱頭鼠竄
嚇成一幅牛頭馬面的慘景

妖魔叢林，叢林妖魔
毒虎食子，兔死狗烹
此時，蛇頭和群魔正把
作票、作假、作弊、貪污、腐化、竊偷得來

春秋記實

一口口鮮肉、腐屍，當成
龍肝豹胎，大塊朵頤
下面，大群人蛇、馬蟥、沙豬、走狗等爭相搶食碎屑
別小看那一群魑魅魍魎
鬼蜮技倆已達到鬼斧神工的水平
那群「無賴的惡徒」
「臉看起來像是來自阿茲卡班」
才四年
官場上多的是羊癲瘋，羊胃羊頭
蛇頭與妖魔狠狽姦宄
妖魔攀附蛇頭吸取權力管道噴射出來的精液
蛇頭則利用妖魔嚇弄眾生

說穿了，羊質虎皮，要一陣猴戲
等到四靈生物拿出鐵手鐧
殺雞警猴
還不是雞飛狗跳，落荒而逃
苦了眾生

少數清高的小綿羊找遍整座叢林
竟無容身之處
只得躲進犬儒學派的小別墅中吹冷氣
過著富裕而警恐的豬仔生活
口中念念有詞：
「風聲雨聲讀書聲，聲聲入耳；
國事家事天下事，事事關心」

整座叢林的生老病死
終於成為蛇頭與群魔的歡樂舞台

（二〇〇四年「五二〇」蛇頭就職大典）

癌症叢林

腥臭味
自叢林高層一波波
傾巢倒落
人民沒有選擇
被腥臭如屍水
淹漬成一具具木乃尹

綠林日夜不斷的傳出
惡臭
原先綠油油的原野叢林全被毒化
無人思索挽救環保浩劫

這裡的眾生竟似
一具具復活的木乃尹
行屍走肉
原來，整座叢林
被關在一座環島的癌症病房中
沈淪、等死

（台獨政權現狀有感，刊於「世界論壇報」，九十四年元月十三日）

焚燒的叢林

高層，烏烟瘴氣
有炭酸瓦斯，自七孔
冒泡、冒火
叢林四週，佈滿即將引燃的炸藥
綠色角落，藏有準備引爆的炸彈

蛇頭，焚掠眾牲
州官，放火燒山
小民，以自焚向眾生警示
整座叢林從年頭燒到年尾
各大山頭，樹起

春秋記實

烽煙、烽鼓、烽火臺

鼠輩，竟如此以狼子野心

狼心狗肺

焚燒了整座叢林

狼煙四起

燒、燒、燒，一波一波的燒

叢林沒了藍天白雲，也沒了綠油油

只剩灰燼

深夜，又有一把火在秘審的黑盒子中

悶燒、悶燒

風聲中開始感受到火苗的溫度

有殺氣竄鼻

焚書坑儒

書者，經史子集

儒者，儒墨道法

無一幸免

燃燒吧！叢林！

燃燒吧！叢林！

沈淪吧！綠島！

沈淪吧！綠島！

註：最後四句用歌手高凌風的成名歌，「燃燒吧！火鳥！」，同曲音唱出來。

錯亂的叢林

西方鷹犬鴟鵂，日夜在空中盤旋
眾目睽睽，鳥瞰大地一切可以食用的生物
嘴爪銳利，隨時準備捕食任何新鮮的肉品
全身佈滿聲光熱溫的全自動導向追蹤探測器
足以全面掌控大地所有生物的思想、行為和行蹤

東方獅王一睡五百年，大夢初醒
就驚動群獅，大地為之撼搖
地球改變原來轉速，地殼向東傾斜
面對鷹瞵鴞視，群獅決定團結起來捍衛本身利益
並號召四靈生物，虎豹及各弱小族群共成一個東方集團

小島上的鼠輩走狗雖然吃飽喝足
卻也一時慌了手腳，不知如何應付
西方鷹犬規定要按時去朝貢，獻上最好的肉品
獅群虎視，膽敢向西方靠近半步
就拿你來殺雞警猴

慌慌慌、徨徨徨、晃晃晃

在朝庭上，充斥著鴨霸、沙豬、走狗、鼠輩和狡兔
在遍地裡，滿街狠犬，豺狼當道
有水的地方，到處是人蛇，馬夫或海蟑螂
剩下一些自以為可以混的，也只能做牛做馬，狗都不如
絕大多數是混不下去的，都想起來造反—革命才對

蛇頭為穩住局面，安撫大群鼠輩的狠心狗肺
只好釋出畫餅，挾雜一些搖頭丸、迷幻藥、速死康等
或打開貪狼的心，誘惑巨蛇的胃口
全體大玩猪奴戲，還不是都摃龜了

文明的小島，奈何重回洪荒！
有氣的，行屍走肉，到處魚肉或賣肉賺錢
沒氣的，魑魅魍魎，到處裝神或弄鬼騙錢
剩下以鼠竊大位的蛇頭，露出才創作不久的鮪魚肚
在吃飽飯的午後，帶著鼠輩僂儸
玩草ㄇㄟㄚˋ弄雞公

二〇〇五年台灣社會的總體觀察，作於三月動亂之際

即將塌陷的叢林

明明不久前才艷陽高照
藍天白雲
這麼快，叢林中出奇的陰暗

鼠輩成群，鬼鬼崇崇，鬼頭鬼腦
鐵定幹不出甚麼好事
住陰宅、走陰道、幹陰險，使陰惡
美麗之島已朦上一層層厚厚的陰影
鼠輩用陰毒的心在臭溝裡
作假、作弊、作亂、栽贓、橫陷、設計
盜竊國寶

於是，叢林中
黑市、黑心、黑水、黑錢、黑幕……
到處一片黑漆漆，陰黝黝

曾幾何時的艷陽天，綠油油的青山大地
現在滿街鼠輩、狼群、走狗
到處黑心肝、黑心腸
曾是民主進步
現在得了黑死病，在黑心黑水的
權力慾海中浮浮沈沈
導至塌陷前的叢林仍吹著腥臭黑色的風

白道自身不保，上行下效也進步了

白吃、白喝、白嫖、白拿
反正一切都白幹了
州官任意縱火，眾生民主解放
可以燒殺擄掠搶姦盜竊騙賴或硬拗……
反正，高層的大頭目幹的也是這一行
看啊！美麗之島將回到黑暗時代

現在，天空變黑，大地變黑
黑白交媾糾纏，相互取爽取利
上下交爭狠狽，各取所需逞慾
這一切的黑
都源自綠林中的眾生物種
獸化、腐化、惡化、貪婪化

春秋記實

野獸成群
竊取國寶，綁架眾生，謀奪大位
絕對權力的滋養
一夜間，進化成一群暴龍，吃垮整座叢林
這一座曾經綠油油的美麗叢林
即將失序、解體、塌陷
眾生準備四散逃命

作於二〇〇二年秋，二〇〇五年春再修訂。

南湖大山的綠蠵龜

有一年，在南湖大山，碰到一隻
客居百年
綠蠵龜
登頂後說，我獨立了
我出頭天了
不要藍天白雲
我還是一隻「綠」蠵龜
不要陽光作用
我也可以是綠的
看那副嘴臉

春秋記實

近看像龜婆，遠看像龜公
實際上龜頭龜腦
若不是龍生水
給他一點生命資源
能有一戶綠油油的小別墅
實在是龜毛兔角

（九十二年間登南湖大山碰到一隻「綠蠵龜」有感，刊於「世界論壇報」，九十四年元月十三日）

史前大ㄜˋ魚

這或許又是進化論上的意外
一隻史前大ㄜˋ魚
竟游走在現代的叢林水域
一口緊緊咬住兩千參百萬人
人人都在ㄜˋ魚口中
掙扎
爭相逃命
一隻深綠色的史前大ㄜˋ魚
可以想吃誰就吃誰
可以想吃甚麼就吃甚麼！

或許這又是叢林法則
眼前又有一塊大肥肉——「民營化」
使出乾坤大挪移或五鬼搬運
搬回家吧！佔為己有，或
給老婆、老公、外婆、外公、叔叔、阿姨、情婦……
還有一脫拉庫的鼠輩、走狗、蛇頭、蟑螂……
還有其他ㄊㄟ魚在搶食
在演化過程中，有這種機會
極少、極少

作於二〇〇三年八月，二〇〇五年底再修訂

萬生，何其不幸

是一種詭異的農業改良嗎？
綠豆芽
一夜間翻身
就在廟堂之上當成棟樑
才不過是一點風風雨雨吧！
眾生與萬牲竟都屋毀人亡

綠頭鴨
在一群鼠輩設計的戲碼
竟能在短期間進化
變成一隻綠鳳凰

春秋記實

在朝庭上，人五人六
騎在萬生頭上，洒屎
生靈在水火中，洒淚
整個綠林的蛇頭、妖精、虎狼、走狗、蟑螂
竟把眾生當
肥羊
一隻一隻、一塊一塊、一刀一刀
宰殺、宰殺…

作於二〇〇四年三月

人間奇景

奇禍
一把火燒了快兩年
不僅未見消防隊
人人添油加柴，一起放火
火勢燎原不可收拾
一個島將被燒成灰燼

奇美
兩顆子彈擊發後
飛了快兩年
還沒到落點

甚至找不到起點和彈道

二〇〇五年中秋節前

惡鷹的索求

西方惡鷹貪得無厭
細細的喉嚨像一處地球上的黑洞
物種數量不多
卻吸食整座大叢林幾近一半的糧草

為掠取所須肉品等美好的資源
貪黷攻伐無度
所到之處掠奪一空
生靈塗炭，遍野哀泣

近年來，惡鷹強取豪奪成嗜成癮
現在又得了瘋癲症，神經錯亂有如一隻

惡餓禿鷹
要求住在禍而魔煞綠林的統治階層
還不是蛇頭和狐狸精
短期間要上繳六千億新鮮肉品
若有不從，將拿蛇餵鷹
並將老狐狸先姦後殺，再撥下狐狸皮
以供「小鷹號」們冬季取暖

註：「小鷹號」是美國的一艘航空母艦，作於二〇〇四年八月

鷹犬的坦克——聞巴格達反美示威人群遭美軍坦克輾斃

鷹犬的坦克成群結隊
從空中、海上、陸地，竄出，橫行
輾壓整個大叢林中不乖的眾生
鐵蹄所到之處
燒殺擄掠，血流成河
坦克輾屍而過
血，染紅了阿拉伯的天空
啊！阿拉的子民，你們還行吧？
鷹犬的坦克在沙漠橫行
從喀布爾到坎大哈

向西飛越阿拉的天空
在巴格達到摩蘇爾間地區
聲稱：
只要人權，不要人命
只要民主，不要民命
只要自由，不要自主

惡鷹駕坦克
從空中，或太空，如雨點般洒落
眾生樂園、萬牲園
兩河文明、空中花園
惡鷹所到之處，哀鴻遍野，血肉橫飛
並有輓歌

從新婚的禮堂傳出
惡鷹凱旋而歸
鷹犬狗仔發佈風聲
堅持：巴格達沒死半個人
只取狗命
未取人命
未來也將秉持
只要人權，不要人命
只要民主，不要民命
只要自由，不要自主
基本理念，澈底改造整座大叢林
東方小島上鼠輩成群

巴格達反美示威
肉身擋美戰車 兩人被輾斃

【編譯陳世欽／法新社巴格達四日電】警方表示，伊拉克回教什葉派激進領袖薩德的追隨者三日在巴格達市區進行反美示威時，多人以肉身阻擋美軍戰車，結果有至少兩人不幸被戰車輾斃。

93年4月5日 聯合報

為首的蛇頭，惡向膽邊生
蛇吞象又向惡鷹取經，宣稱：
只要人權，不要人命
只要民主，不要民命
用權力組裝成一部部吃人的坦克
在島上橫行，輾壓眾生
眾生那裡逃？那裡逃？

如來神掌——試答「笠」詩刊208期林豐明「囚」詩作

怎麼會沒答案呢？
清清楚楚，就寫在兩千多年中每一史頁
從夏商周秦漢……宋元明清……
歷代歷朝都能找到答案

你看！孫悟空、孫猴子夠厲害吧！
在兩千多年的歷史上，多的是類似品種的猴子
一隻比一隻神通廣大，一隻比一隻厲害
卻從來沒有一雙跑得出如來神掌的範圍

也許是認命，命好吧！我們住在黑洞旁邊
一切的星球，從來沒有脫離黑洞的勢力圈

隨著時空推移，宇宙的環境會改變
黑洞的拉力愈來愈大，洞內愈來愈亮成一個「亮洞」

落葉歸根

縱使有風，偶爾亂吹
葉子並不會飄太遠
遲早力弱後，定要回歸大地

後記：偶然機會，看到「笠」詩刊二〇八期，林豐明先生的詩作「囚」，深有所感而作，未知是否能答林先生心中的疑惑，九十三年五月於台北。

為甚麼大家都不革命了？

革命尚未成功
怎麼大家都嚷著要放下手中的槍去休息？
好像從今以後再也沒用槍時機
天下從此太平

老張放著少將參謀長不幹
說要回家種田
陳仔收拾行囊，準備打道回府
臨別時說：父母年老，孩子還小，妻子年青
林哥一聲不響，昨夜就走了
好像帶著情人私奔

為甚麼都不革命了？
不革命使那造反竊國的更有理
公理，被一刀割喉斷了生機
正義，被兩顆子彈暗殺，棄屍滿地
公平，被騙徒集體輪姦，血染美麗之島
青天白日被姦殺，血流滿地紅

我們都不革命，貪污、腐化與騙徒
將點燃兵燹
火化我們的老命和子孫的小命

後記：偶讀向明「大家都要走了」（葡萄園詩刊一五六期）有感，刊於葡萄園詩刊一六三期，二〇〇四年秋季號。

綠帽子

現在綠帽子值錢
男人戴綠帽子已經不希奇
女人也搶著想戴綠帽子
一小撮人搶的翻臉打架

把人倒推、踐踏、壓死
也要搶一頂綠帽子戴

整座叢林
不見綠葉
只見綠帽子

作於二〇〇三年，綠林搶位奇觀有感

綠色異形

出現在地球上的物種很多
各種生物都有過變種、異種或雜交種
其實都是物種演化上的常態
例如，人有黃種人、白種人、黑人或異種交配
只要產出人就是正常

獨，現在出現演化上的
異形亞種
綠色人馬
這是「類人」的一種
皮膚依然黃色，流著綠色的血

眼球也是黝黑，卻都有綠內障
其他應有的人形都具備
這裡，就是風花雪月也必須是綠色的
原是百花齊放，現在怎成
綠肥紅瘦
一座海上仙島，美麗的寶島
竟成「綠島」
綠色不斷異形演化
整座綠林不是妖魔，便是人妖

作於二〇〇四年「319奇案」後

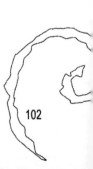

帽子的威力

現在這座世界排名第一
大綠島
只要有一頂扁帽工廠生產的帽子
就能推翻社會學中的血親和姻親關係
推翻政治學中的系統理論
推翻經濟學中的市場法則
推翻地緣學中的戰略理論
推翻物理學中的牛頓三大定律
當然，也推翻民主政治所有的遊戲規則
有綠帽子就有一切

因此，本工廠正式宣佈
台灣人只須要戴一頂一頂，無限多頂
大大的綠帽子，拼經濟
有這種帽子，人民就有吃有喝
有這種帽子，可以賣帽子
有這種帽子，我們隨時可以走路
最大的好處是可以給人戴帽子
沒有人可以從帽子下脫逃

（世界詩壇，第48期，93年8月19日，刊後再修。）

奇幻的帽子——另類魔術表演

我變、我變、我變、變、變……
這是一頂帽子嗎？
別小看我哦！只要我在，冶金家都得閃一邊
因為，黑金、白金、黃金
都由我自己下定義

你看、你看、你看、看、看
這是一頂帽子嗎？
太狗眼看帽低了，只要有帽子，其他都免了
因為，權力、職位、豪宅、美女盡在帽中
只要你敢拿

我是一頂千變萬化的帽子
可以是屠刀、寶劍或凶器，殺所有想要殺的人
最神奇的一點
我可是萬能塗料
可以改變天地間萬事萬物的顏色

世界詩壇第44期93年6月24日

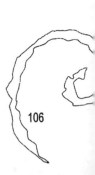

第三輯 哥倆絕不獨立

若眞掉了，跑遠了，或獨立了
就鐵定要斷水、斷電、斷糧、斷了陽光空氣
斷了一切生命資源，禍可闖大了
斷了命根子，絕子絕孫，完蛋了

（現精神堡壘己拆除）

陸軍 805 總醫院地標(已拆除，約照於民國 58 年，時在台中新社中興嶺

馬祖高登前方（照於67年）

陸官黃埔湖（照於58年）

哥俩絕不獨立

我們向來哥俩好
孤零零的兩個掉在外面，是有些冷
團結靠在一起比較溫暖
我們絕不想各自獨立
更絕不遠走高飛，自立門戶
若真掉了、跑遠了、或獨立了
就鐵定要斷水、斷電、斷糧、斷了陽光空氣
斷了一切生命資源，禍可闖大了
斷了命根子、絕子絕孫，完蛋了
蛋蛋死光了，還有啥好玩的

也許上帝生我倆就是實一對
就是整體的一部份
與母體合成一個獨立單元
我們有共同的生活空間，共成一個地緣關係
吃同一口飯，喝同一口水
拉屎拉尿也得協調合作
一起幹活

我們倆兒雖小，又總是掉在外面
地位可重要呢
沒有我們哥倆
不論有多高大壯碩的整體

都不易敵擋外患入侵，對身體是很危險的
若不幸把我們哥倆割給人家，直接危害母體
以前有過，老娘老了，老眼昏花
把我們割給對門的鬼子
結果差一點連母體也斷了命根子，一起陣亡

我們哥倆老早知道利害關係
從來不想自立門戶，或宣稱獨立
整個身體合成一個完整的個體
我們同樣是偉大的，大樹底下也好乘涼
有我們的存在，大家一起打拚
子孫綿延有希望，富強繁榮可期待

後記：歷史學家戴國煇先生，以「罣丸理論」詮釋兩岸關係，真是神來之筆，戴教授一生以「出生於台灣的客家系中國人」自居，叫人敬佩，二〇〇一年元月九日教授逝世，享年七十。在一個偶然的餐會中，巧遇戴教授的夫人林彩美女士，事後夫人贈我「戴國煇這個人」一書（遠流版），我對教授提出「罣丸理論」感受良深，才有本文之作，寫於二〇〇五年三月，台北萬盛山莊。

民怨的聲音

你側耳傾聽，那風聲水聲在說些甚麼？
從東西到南北，從山村到市鎮
聲聲不絕，啊！民怨的聲音
只要有嘴的，都在許譙
你聽那鄉巴佬
「ㄙㄞㄌ一ㄥ娘！」
「幹！一ㄥ老母ㄟ水歸！」
字挾風霜，語帶凜冽，響澈雲霄
驚動天庭
只有那綠色陣營不為所動

水扁眾生，視而不見
大海倒灌，大山逃亡，大水進犯
土石狂奔，小島沈陷，眾生納命
這是天譴，譴責綠色恐怖
「ㄙㄞㄉㄧㄥ娘！」
「幹！一ㄥ老母ㄟ水歸！」
民怨的洪水濤天
光是濺沫就能淹沒整座綠林

後記：貪污腐敗的台獨政權即將垮台，第一家庭貪污的案子一件件被爆料出來。二〇〇六年八月李慧芬以證人身份接受高檢署黑金中心約談，李指出，陳幸妤買童書、胸罩、三角褲、補蚊拍等，都用國務機要費報銷。全民都在訐譙，百萬民怨將會怎樣？詩作於二〇〇六年八月，施明德倒扁之初期，我聽到南部鄉下的一些聲音。

讀台灣史有感

雲，你是一片雲
天生就是一片雲
要飄向那裡？有那裡可以飄？

很久以前，你到處亂飄
一度飄到歐洲
不久又飄回中原
有很長一段時間，無風不起浪
雲也不飄了

好日子過久了，又想去流浪
一頭撞上東洋浪

粉碎成一片片殘雲
半身痲痺，兩邊不是人
苟延殘活了五十年
又飄回了母親的身邊
像一個受傷的孩子
巴望母親溫暖的愛
不久老毛病又犯了
要飄向那裡？有那裡可以飄？

二〇〇三年冬日讀台灣史有感。

偶然

偶然，就那麼偶然
他伸手一抓竟
隔空
抓住一把權力
有的暗自竊喜，有的瘋狂大笑
都緊緊的抓住
一大把、一大把、又一大把
權力
這下怎麼辦？要怎麼用呢？
爽啊！騎在人民頭上，爽

不，簡直像騎在美女身上
可以邊騎邊吃，想吃那裡就吃那裡
口水已經流下來了
還噴的到處都是
一群群的蒼蠅、蟑螂、老鼠及各種蟲類
竟有機會享用一塊塊鮮肉
吮吸、吻咬、啃食、鯨吞、蠶食⋯
沒有一個吃相好看

能吃的吃，吃不下拿走
能拿的拿，拿不動用搬的也要搬走
吃不到、拿不到、用搶的
搶不到就開罵，甚至打架

先吃為贏，後吃遭殃

偶然，就那麼偶然
他們像一片雲，輕飄飄的來
個個滿載而歸，吃飽喝足

二〇〇五年十二月的一場三合一大賽
他們竟被人民趕了下台
歷史，是那麼的偶然
偶然間就把一群群不要的廢物
丟棄

二〇〇五年十二月在台大值班室草稿，二〇〇六年元月修訂

猋猋狺狺

在這裡，長年累月
眾生得忍受
妖言狺狺
魔影猋猋

犬王，領著成群瘋犬狗仔
到處狂吠，日以繼夜
一犬吠影，百犬吠聲
從狗嘴和全身孔洞中
吐出一陣陣
洶猛鹹溼的瘋狗浪

每天都有成千上萬生靈被淹死
沒死的也因
犬沫四濺
得了狂犬病
狺狺猋猋
六畜感染，眾生難安
看啊！滿朝上下，到處狐群狗黨
狗仗人勢
一犬成王，眾犬皆仙
一隻猜狗，領著一群盲犬
成千上萬流浪在十字路口
在歷史的時空中迷失

找不到回家的路
只好繼續流浪、流浪
成一隻隻流浪犬
狺狺猋猋，長年累月

而眾生
得繼續忍受瘋狗浪的肆虐
再長期接受狂犬病的折磨

作於二〇〇二年八月，二〇〇五年七月再修訂。

他，一個可憐的老人

一個據說是「欽定」的老猴、老蕃癲
每天獐頭鼠目，獠牙狂嗥
說是要制憲建國
有時也慈悲的，面露獰笑參加長老會議
要傳佈上帝的愛
上帝絕對想不到，會碰上
一個進化史上最囂頑狡猾的物種

老猴也瞑目吼「塞」狗誄
又進化成一隻導盲犬
有成群結隊的魑狗跟著導盲犬到處咆哮

卻終日游走於十字路口
賴著國家吃香喝辣，享盡榮華富貴
還找不到進入國門的路
悲哀啊！
旁邊還有一群蝗螂、蝙蝠、走狗等跟著起舞鼓譟
上帝、閻王都怕老蕃癲，老猴老不死
但人生自古誰無死？遲早總得見祖宗
明明木子有姓，且為中國之大者
登龍有術，輝赫一時
也算光宗耀祖，有了交待
偏偏說自己是倭寇種子
終究找不到回家的路

在十字路口向人打聽
「靖國神社」的入門在那裡？
他日好安頓亡靈、遊魂

看來只有歷史是公平的
因為有五千年億萬的中華子民擔任最後的法官
千年歷史正義就是這樣維持的
在春秋大義面前，他，只是一個漢奸
一個迷戀東洋右派鬼子的老蕃癲
在列祖列宗面前，他，只是一個孽子
自戀於台獨，用權力自慰射精
以取得快感的變種兼敗家子

作於二〇〇一年，二〇〇三年修，二〇〇六年八月施明德「百萬倒扁」運動前再修。

不能改變的

鼠輩成群
重施故技
快到終點站時
牠騎在牛背上
縱身一躍
順便把貓用腳一踹

鼠輩
排名第一
還是叢林中最叫眾生討厭的東西
贏了

仍叫鼠輩
也不算贏
生生世世都不光彩，何贏之有？

二〇〇四年三月

眾牲說些甚麼

三牲不干鼠輩橫行、鼠疫漫散
毒害蒼生
犁庭掃閭
號召叢林中的萬牲起來革命
推翻不法政權的統治
推翻不義政府的壓詐
推翻邪惡權力的凌辱

四靈生物在廣大的神州響應號召
萬牲覺醒
地動山搖，小島面臨沈落的命運

反黑暗、反醜惡、反綠色恐怖
反作票、反作假、反竊國
眾牲啟動了革命機制
眾生開始進行第三次革命

後記：二〇〇六年九月間，在「民盟」張亞中等人推動下，台灣社會有一點革命的聲音，我主張革命推翻暴政。

電視報導一群流浪狗被關在…

一群流浪狗被關在這麼小的空間
這麼小的空間竟有這麼多流浪狗
驚擾全世界
大家都不知道怎麼處理
在狹小的空間裡
相互碰撞、搶食、撕咬、爭奪生活資源
在所難免
狗咬狗、相互排擠、謀害、抹黑或抹紅
是每天上演的劇碼
在狹小的籠中天地

借刀殺狗是常態
這麼小小的空間有這麼多流浪狗
成天、整年
群犬狺狺，走狗猋猋
相互獋叫、撕咬
再亂下去，天也爆了，地也沈了

二〇〇五春看到一個電視畫面有感

生存遊戲

母雞帶著小雞，在屋前空地上進行親子教育
悠然享受天倫之樂
突然，母雞歪個頭頭
她耳邊的天線已偵測到百里外入侵的敵人

老鷹，以接近一馬赫的速度
從外太空，有如一顆隕石般向下面的目標俯衝
千鈞一髮中，母雞精確的算準前置量
率領全家進入灌木叢堡中
最後一隻小雞，以飛箭的英姿
射入掩蔽物後方

以絕對優勢的海空戰力
F-117隱形戰機、巡弋飛彈⋯
就想把敵人當成小雞
撤底殲滅
她卻潛身在千尺的地下迷宮中
用四兩撥千斤，取得繼續生存的機會

附記：小時候家住山裡，家門口前面有一大塊空地，可用來晒一些農產品，或是家中養的禽畜，做為休閒活動的空間。早年（約民國五十年前後），鄉村山間還有很多老鷹，牠最愛抓小雞了，經常看到這一幕驚心動魄的場景，都為小雞捏一把冷汗，兒時的記憶中，每次母雞都能化險為夷。

這個古老的記憶，成了我美麗回憶的一部份，因為我始終很佩服母雞的機智、反應和勇敢。近十餘年來（自一九九〇年第一次波灣戰爭至今），美國發動兩次對伊拉克及一次對阿富汗戰爭，美國使用的戰略正是老鷹（絕對優勢的空中戰力）戰法，但弱勢一方卻深藏地下，最後更化為無形，讓大家看不到、找不到。我又想起兒時常見老鷹抓小雞的場景。

生存遊戲的競逐，有時候並非單純的「力」可以解決所有問題，慈悲和智慧應該是更重要，可惜英美強權過於迷信用「武力」解決問題，至今似乎未見有英美「政治家」反省，實在很可惜的事。

就像兩岸也不是單純「力」的問題，自古以來要用政治力量把一個國家切割成兩半，到頭來都要失敗的。其中還有歷史和文化，我們有著共同的孔子、孟子⋯有著共同的李白、杜甫⋯要如何切割呢？

悲──「台灣錢淹腳目」的另一個小角落

垃圾、酒瓶、野狗

小村、荒涼、孤兒

羊腸、熱風、寡婦

中午就日落

失意人為何上弔？

註：九十三年五月間，一個很悶熱的中午，電視新聞播出一個畫面，在一個很荒涼的小村，男主人生意失敗上弔自殺，留下孤兒寡婦。畫面上整個場景，像極了馬致遠的「天淨沙‧秋思」，只是欠缺一份悲愴的美感，多一層悲哀，因為這個新聞只播出一次，而那「許純美」的新聞卻幾乎天天在播，真是叫人感慨，故成以上長短句，不成詩

用刀秘笈

用刀說來容易，其實不簡單
有的陣營亂砍一通，還不如賣豬肉的
有的陣營用刀細膩，真是鬼斧神功
就是奇美啦！
說穿了，學問在人不在刀，也是中國武學之極致
吳起、孫臏講的不過是這一套

你看他使出的刀法，先看那把雪亮的刀
沒有厚度、長度、寬度，也沒有重量或質量
但，就是能削鐵如泥，能隔空殺人
在不知不覺間把你首尾肉骨全部肢解

不流一滴血，不掉半點骨肉碎屑

接著要你看看刀法秘笈，貴在速度與精準
一刀舉起，用本土化就能把一塊切成兩小塊
橫刀再抹，兩岸再剁成四部份
刀俎魚肉，瞬間可以大卸八塊
一陣刀光劍影，瞬間可以把一大塊剁成一盤碎肉

最後一刀，刀起頭落，飛在遠遠的半空中
劊子手伸出血腥魔掌，接住人頭，公開展示
發表勝利感言說，贏的全拿
被割斷的喉，噴出數十丈長的聲音
聲嘶力竭喊著：作票、作弊、不公、不義⋯

卻無法改變的結局：切成一小塊、一小塊……

我們把自己切成一小塊、一小塊……

方便對岸

一口、一口吃

任何比武都有意外

是意外，也是一種功德

註：台灣被我們自己不斷切割、切割，撕裂、撕裂……寫於二〇〇五年冬天。

用刀哲學——二〇〇四年武林大會比武講評

藍田種玉，斯斯文文
看他用刀
四平八穩，一看便知出自名門
至少也有百年功力
每一招術都有根有據
每一思維都合四維八德
為何被一刀斷喉，血染寶島？

綠林聚眾，來勢洶洶
看他用刀
不三不四，一看便知三教九流

大約十多年功力吧！
每個動作都是違法違憲
每個思維都是邪魔歪道

裁判
比武不公不義，違法亂紀
違反武林正義原則
二〇〇五年重新比武
大家守規矩，綠林也有機會變好漢

作於二〇〇四年夏

你賣甚麼商品？

人生其實只在買賣一筆東西，例如
國父孫中山先生賣三民主義，很多人來買
毛澤東他們賣共產主義，買的人也很多
不久前
胡錦濤主席和連宋二位主席向全體中國人
推銷一批上等貨，勝況空前
市場行情看俏

而島內，有人為搶佔市場
強力以各種違反市場原則推銷台獨
明明沒市場，那老蕃癲死硬不信

直到老闆說出「別自欺欺人」的重話
才終於把毒（獨）品回收
本來嘛！除極少數深度吸毒中毒者外
聰明人誰願意跟著吸毒呢？
更不會把毒品買回家
老蕃癲還是不信邪
他沒東西賣了，只好賣自己的靈肉
多少還有一點點剩餘價值
客倌！你一定會問，小弟我這輩子賣甚麼好貨？
你可問對人啦！告訴你，我的事業可大了
經營理念頗似百貨公司或大賣場
我把前述各家產品的優劣做了深入的比對研發

拿來賣給你，各種貨色，任君挑選
而最佳良品是春秋大義、仁政和統一
現在輪到我問客倌你啦！
你這輩子賣的甚麼好貨？

作於二〇〇五年十二月。

逛菜市場

妳是好媽媽吧？或是好爸爸？
若然，你一定常逛菜市場
現在有各種市場、傳統市場、黃昏市場、超市
你慢慢的逛，買魚、買肉、買蔬菜，有時也買牛肉
賣牛肉的攤位愈來愈多了

你看！老李正在叫賣他的牛肉：
只要吃我的牛肉，一眠大三吋
三天出頭天
十天做神明
用觔斗雲一翻，就能脫離如來神掌而獨立

獅子閃一邊，西方鷹犬來做伴
免驚啦！別人也囝仔死沒料

老連也在叫賣他滷了百年的滷牛肉：
只要吃我的牛肉，就能一統天下
我的意思是說，天下統一我或我統一天下都差不多
大樹底下好乘涼嘛！
何必殺的你死我活呢？大家都是一家人
保證天天有牛肉吃

逛菜市場和逛街，或逛百貨公司都是相同的方法
貨比三家不吃虧
坐下來好好談，也還有討價空間，各取所需

如其不然，你要硬拗

別說牛肉，湯都沒有，連店都開不成了

所以，「市場」的道理說來簡單，卻也不簡單

來、來，客倌，看看這新鮮的牛肉

又有一攤，咱們去瞧瞧吧！

作於二〇〇二年春，二〇〇五年十月修訂。

逛夜市

各位看倌，我的「公投制憲」
是一種新品牌自發性增高機
不管人家怎麼矮化我們
只要用一次能高到出頭天

各位看倌，我的「萬能族群溶合劑」
用一瓶就能忘了割喉之痛
讓各大小族群溶合起來
團結在我下面

各位看倌，我的「四不一沒有」都沒有
其實那是一種隱形軟腳劑

別說解放軍，就是十三億
也要叫他通通「春一支嘴」
各位看倌，把上面三藥調成一帖
可以製成「甜心走狗丹」
普天下的人，只要兩天三餐服用
遲早要來朝貢，讓我摸頭

（乾坤詩刊，第31期，二〇〇四秋季號。）

守著這片產業

我打從三皇五帝開始，就執著
守著這片產業
一路守著，夏商周秦漢三國
隨唐五代宋元明清，到現在
不怕苦，不怕難，忠於職守
五千年如一日，這是我的中國

我堅持守著這片產業
東起海，包括琉球群島和釣魚台列嶼
西到蔥嶺以西噴赤河
北起薩彥嶺和漠河，南到曾母暗沙

春秋記實

不論高山、平原、沙漠或海洋
每一寸都是黃金地段
即不出賣也不租借

我知道，我若賣了一寸便是敗家子
我若棄守這片產業
便是背叛列祖列宗的不孝子
許多人和我一樣從三皇五帝一直守下來
我們會永遠守著這片產業
這是我們的中國

又聞「亡國之君」李登輝說釣魚台不是我們的。二〇〇五年夏日一個晚上有感而記

母親的針線

母親慢工細活
她花億萬年時間
用一根長長的線把中國大北方
一針針縫起來
又用另一根長長的線把大南方也縫起來
妳還用一根中國心
把四海之內的中國人全部
緊緊的縫在一起
不使一個掉落在外
母親，妳的針線盒裡還有許多線

由北向南，由西向東
永恆不停的縫、縫、縫
流、流、流

二○○四年春日偶感筆記

不能承擔的苦難

那聲音，自兩千年前傳來
穿透時空，響徹四方
「猶大出賣耶穌」、「猶太出賣耶穌」
……
「猶太人出賣耶穌」、「猶太人出賣耶穌」
……
「猶太人都是出賣耶穌的奸人」
「猶太人都是害死耶穌的兇手」
那聲音，從現在傳到百年、千年……
穿透時空，響徹國際

「李登輝出賣戰友」、「李登輝出賣戰友」

……

「李登輝出賣子弟兵」、「李登輝出賣子弟兵」

……

「李登輝出賣人民」、「李登輝是奸神」……

「台灣人是奸神」、「台灣人是騙子」

「台灣人事事出賣別人」

百年、千年，那聲音

……

二〇〇五年一個國際事件引起的感想，定稿於二〇〇六年春日

第四輯 守著一抹藍天

不管天長地久，海枯石爛
我仍守著一抹藍天
自盤古開天以來
舜日堯天周禮樂
孔仁孟義漢文章
天就是藍的

民國 73 年「馬祖之美」賀卡

陸官黃埔湖一景（於57年照）

民國56年陸軍官校的招生廣告照片

守著一抹藍天

大地將被來勢洶洶的綠色泡沫所淹沒
風聲變綠
訊息變綠
影像變綠
原野山谷大地將淹沒在綠色泡沫中
我仍著一抹藍天

叢林已經綠化了
滿山遍野，凡是能夠紅的發紫，都是綠色泡泡
鼠輩走狗當然是深綠色的
成群牛羊搶著吃綠草

犬豬猢猻也人模人樣的披上
綠衣
我仍守著一抹藍天

不管天長地久、海枯石爛
我仍守著一抹藍天
自盤古開天以來
舜日堯天周禮樂
孔仁孟義漢文章
天就是藍的
有史以來，天都是藍的

（刊「秋水詩刊」，123期，93年10月）

藍天

甚麼是「天」？天有多高？
無人可以界定
天是甚麼顏色
鐵定天下都知道
藍天、藍色
這世界，天永遠是藍色的
乃天經地義之鐵律

有時候碰到陰天、雨天
天色顯得灰暗
晚上，當然就天黑了

但不久太陽出來又回復藍天本相
因為有太陽，故有藍天
太陽永恒，藍天也是永久的

天絕不可能是綠色
如果有人說現在天空變綠
鐵定是有人用手遮天或作假騙人的把戲
天永遠是藍色的
藍天白雲，人間有活力
人生才有希望

二〇〇五年春天佳日有感

新政府的「新人事考核標準」

新政府的新規定透過異形，一夜之間染指所有地方
有關目標管理、品質管制、績效評估等
公文書暫時保留，不須焚毀
未來改以顏色決定人事考核的終極標準
全身變成綠色，就代表績效和前途

層峰下一道綠色指令
高鐵明天午夜之前要通車
所有閣員通通到南部鄉下去宣導政令
任公職規定的IQ、學歷、經歷、考核等一律廢除
只要是綠色的，阿斗也可以入主中央

只要是綠色的，有LP的都可以當部長
沒有LP的，只要綠色就能當大官，以示男女平等
新政府為表現民主進步，廣納雅言
要傾聽人民的意見，深入鄉村與城市舉辦意見發表會
歡迎各種顏色的意見或聲音
新政府絕對保障言論自由，寧要媒體，不要政權
當然只有綠色的聲音可以上達天聽

台獨偽政府用人標準，二〇〇三年作，二〇〇六年五月修訂

寒士登綠林

學而優則賜
回想那十年寒窗的苦日子
能不期待皇恩賜寵乎?
賜宴、賜福、賜金、賜銀…
我下面還一群乞憐搖尾,等著我賜酬呢

學而優則肆
生熟不居,凡是沒有肉可以肆獻的
可別怪我肆威,除我主子
我可是肆無忌憚

學而優則噬

權力又把人豢養成一隻黑洞
吃五穀雜糧，吃金銀財寶鑽石瑪瑙
更吃人
學而優則弒、則螯
終於把自己也吃掉了

二〇〇五年春之筆記

新流行

在這裡，戴帽子是一種流行
不戴帽子代表落伍、落迫和孤獨
總人口中
一半人戴綠帽子，一半人戴藍帽子
有些人可能不止戴一頂帽子
半空中隨時漂流著一頂頂
紅、黑、白、黃…蔚為帽海，遮蔽陽光
每一頂帽子都主動積極在尋找有利的主人
有一種帽子最可怖，可以改變人的基因
名為烏紗帽，實是緊箍圈

戴上了就進入闍籠裡，上頭念咒你頭痛
過著七份像人，三分像鬼的生活
說些七分像鬼，三分像人的話語

看那些當官的，有時很同情，每天活的三分像人，七分像鬼，作於二〇〇五年秋

台灣新世紀環保工程之理論與實務概述

新政府為貫撤新世紀的主流環保綠化工程
動用一切預算，不惜向未來三十年子孫借款二十兆
因為，從天空到地面，到地層，到地心岩槳
還有，從極東到極西，到南北，到上下左右
都必須在規定時間內，完成偉大的綠化工程
所有工程由綠色人馬負責公開招標、施工、驗收

做好TQM，大處著眼，小處著手註
例如，那些紅花、紅葉、白花、青葉等一切非綠色的
由黨部協調農委會召集國內外所有專家學者
進行基因改良，以期產出綠色的下一代

天空絕不可以是藍色的，由空軍總部負責綠化
大海絕不可以是藍色的，由海軍總部負責綠化
大地絕不可以是藍色的，由陸軍總部負責綠化

勿必啟動一切綠色機制

一切非綠色植物，若不能經由基因改造變綠
必須全部拔除，焚燬其根部和種子
一切非綠色動物，若不能經由基因改造變綠
必須全部銷毀，焚化其卵子和精子
若有固執如石、如礦、如木頭者
斷其一切維生能源
全部逮捕，送進綠色溫室或染房
強制改造、重建或焚燬

總之，落實偉大的綠化工程
體現新政府的主流環保價值
一切非綠色的都不該有生存權
任何非綠色的都不能有工作權
綠色，代表你的能源、生命及一切
綠化，是新政府最偉大的工程

註：TQM（Total Quality Management，全面品質管理），是管理科學重要的管理工具。
作於二〇〇三年五月，二〇〇六年六月再修訂。

拈花微笑

我從天庭往下望
犬、狼犬、狗仔狋狋
齜牙裂嘴，狼狽相倚
獵捕風聲，捉拿影子，拼命的挖掘、挖掘
最好是私情、姦情、隱情或敵情
狼多肉少
口中咬著一塊，兩眼蒐尋，兩腳拼命的挖、挖⋯⋯
我從天庭往下望
獅、獅虎、狡獪猖獗
張開血口大盆，露出一排排有民意支持的牙齒支持度最高的那隻叫「萬獸之王」
有權力吃所有想要吃的，多的是肉，吃不完
但有時得吃的好看些，不能太明目張膽
五鬼搬運或乾坤大挪移
我從天庭往下望
鱷、餓魚、甲器鱗鱗
自從落得在野，張開的嘴巴一直想要吃下整個天空
只是一點點餅乾碎屑那裡夠吃
相機、待機、應機、窺機、創機、造機⋯
不動如山，脫如狡兔，快似閃電
有著百年生存競爭的功力，一定有機會
過了很久，我又從天庭往下望

正好看見各大「頂層掠食者」正在召開叢林會議
會後發佈一份「共同聲明」：
為追求和平、安全、維護全民福祉
今後將以進化論為最高指導原則
遵守叢林法則的操作機制
我回頭向玉帝報告情況
玉帝啜一口茶，嘆一口氣
拈花微笑

二〇〇四年三月底總統大選後，深有所感

官與官——偶讀傅智科「官字解讀」有感

官就是官，官就官
「去人化」後叫官官
有了權力會退化成一隻雜食異形生物
到那時，吃相難看是正常的

官與官
組成時空長流的兩大要素
他們在腐化、惡化的爛泥裡滋生壯大
在眾生人海中官官成災

後記：偶然讀「葡萄園」詩刊（二〇〇三年秋季號），有傅智祥先生的小品「官字解讀」，雖不完整（未全詩刊出），也有所感，刊於「葡萄園」詩刊，第一六三期，二〇〇四秋季號。

草莽治國

草莽當道，草莽治國
蘆葦茅草蕪雜紛紛佔據凱達格蘭及周邊地區
如王、如公、如侯、如伯及如夫人等
都一樣是竊賊流寇之輩
專幹些草寇姦宄

那群來自荒山邊陲的草包那知孔孟何許人！
乾脆統統打入大牢終身禁錮
那一大票來自南蠻荊棘的膿包那識經史子集為何物！
乾脆統統送到垃圾場
今後各地的焚化爐專職「焚書坑儒」

草莽綠林階級制度也分明
一綠林二美日三台客四高沙五外勞
六藍菊七陸娘八儒士九乞丐十娼妓
而凡有竊騙國寶之特異功能者
又能效忠者，列為國之上賓
寶島重回蒙昧
華路藍縷創建的基業
任其蕪穢

草莽當道，草莽治國
凱達格蘭營寨裡的山大王就是法律和制度
全寨上下行政由大王把持
將司法五花大綁，園長不乖就先撕票後滅族

將監察閹割去勢，園長不乖就先去職再砍頭
立法代表眾寨卒草莽，就讓牠們不斷去冒泡吧！
考試專責辦理壓塞夫人選拔，那位園長最乖

人民是甚麼東西？向來只是王的足下草芥
一群有權力吼叫的狗
草茅危言，是寨憲保障的權力
犬吠，不會把山叫倒
山寨崢榮，山勢峻酷
山，依然如故

作於二〇〇三年十月，二〇〇六年五月再修訂

刮起一種風

綠色人種經過結構化研發和精進
把人類數千年來想要控制氣候願望
終於實現，且完成
定律、理論和概念的系統化建構成為一門
氣象控制學
任何時候都能依需要、對象、環境關係或策略目的
刮起一陣風

斯風
與馬無關，與屁有關，風自口出
臭氣沖天，燻氣淹死人

為何臭？蓋口與肛交
惟特定對象聞之，頓時感覺通體舒暢
如坐春風
放風者更是飄飄然，很快飄到高處
綠色人種用顏色治國，以顏色決定位置
用口水拼經濟、拼外交
並以斯風決定績效和升遷
風成為一座橋
經由此橋，可得烏紗帽，享榮華富貴
實現一切願望
目前斯風正盛，比美韓流
若此風不斷增長亂刮

將可能形成島內大海嘯
吹垮一座島
呼呼！聽啊
政壇上又刮起一種風

二〇〇五年九月綠營政壇刮起一陣「馬屁風」有感誌之

真的是進步了

割喉
笑談用刀，借刀殺人
毀屍滅跡，殺人不見血
民主進步人士說，無證無據無罪

作票
無中生有，混水摸魚
瞞天過海，反客為主
民主進步人士說，啊嘸咩安怎？

子彈
聲東擊西，暗渡陳倉

反間計、苦肉計、連環計
現在兩顆子彈最得意，功勞卡大天

竊國

偷樑換柱，偷天換日
竊鉤者誅，竊國者侯
國家構成有了新要素：騙姦偷搶竊殺

補記：二〇〇四年「319」槍擊竊案的贊嘆，想必綠營對三十六計是有研究的，否則如何能設計出「奇美的瞞天過海」？這方面藍營人馬，遠遠不如，要多學習啊！作於二〇〇五年九月。

「暈眩過後」有感

許多人都知道，暈眩不好治
會持續很久，又常找不到原因
醫生總說，形成的過程很複雜

她，幾百年來始終暈眩
嚴重的時候天旋地轉
還會左擺右擺
她是一葉沒有羅盤的小小船
她是一架沒有導航的小飛機
她是一隻沒有緣線的小紙鳶
在雲霧中飛

在茫茫大海中漂泊
這一百多年來，她也想
找羅盤，沒有羅盤
找導航，沒有導航
找方向，沒有方向
想要靠岸，找不到港灣
忽而向左，忽而向右，天旋地轉
她，現在還在暈眩，毫無方向感

東方大海形成一股氣候
東方大地出現燈塔效應
產生一股巨大吸力
吸引所有船隻、飛機、金銀才寶和俊男美女

而她，依然無力決定自己的方向
但也只得隨著波勢向吸引力處漸漸靠攏
她，越來越不暈了

註：秋火詩刊第 127 期（94年10月），有一首涂靜怡的「暈眩過後」，我讀後另有所感，就像這幾百年的台灣史，不也如此。不過，希望涂靜怡小姐的暈眩快好起來，不要像台灣暈眩這麼久。

這是我們的江山

政治，用意識形態
把人搞的妻離子散
文化，用詩詞歌賦
讓兩岸重新成為一家人

政治建構的銅牆鐵壁
被文化一擊就垮

政治把一彎狹窄的海峽
擴張成無邊難渡的大洋
五十年渡不到彼岸

血緣建構了長橋、巨舟

不出數年，兩岸定接軌
成一家、一國
看今後還有那些敗類能分離
三皇五帝、秦皇漢武……
千年來所建立的一統江山？
這是我們的江山

小記：二〇〇六年春夏之際，泛藍正在推「直航條例」，綠色類人拼命阻擋，再擋不了多久，炎黃子孫自古是一家人、一國人、葡萄園詩刊171期，2006年秋季號

朝鮮風雨情

朝鮮半島那陣狂風暴雨
早已遠颺
五十年來卻仍有些風風雨雨
夢中也偶有風吹草動
千百遊子戰將依然飄泊
還好，斷斷續續中有
雲淡風輕
讓人民過幾天安靜的日子
如今又有些微風細雨
一圈圈漣漪重織往日被割裂的夢

那是你這輩子最刻骨銘心的一段情
一陣風雨牽動一份情
何嘗不是今生最淒美而壯烈的情話

後記：葡萄園詩刊名譽社長文曉村先生，是韓戰後遺送台灣的「反共義士」，耕耘詩壇半個世紀，是台灣當代重要詩人之一，著作等身，有關文曉村的著作，兩本最為各界愛讀，「文曉村自傳」和「一尊木納的靈魂」。

今（95）年春，我在師大分部前一家咖啡廳，和一位咖啡姑娘「喝咖啡聊是非」，閒聊間得知姑娘的父親也是韓戰後來台的「反共義士」，叫周學正。我突然有一種奇妙的感覺，文曉村和周學正兩位先生有相同的背景，同樣經歷那段狂風暴雨，還險些埋骨異鄉，如今是否做著相同的夢？

五月間，我用郵購方式，請文曉村先生把「自傳」和「一尊木納的靈魂」兩本書，寄送周學正先生。據朋友咖啡姑娘轉述，老人家深受感動，又憶起五十年前的往事，而兩位先生似曾見過，是朋友的朋友。原本風雨早已遠颺，我又牽起微風細雨兩支手，共織一個夢，同憶一段情，有感誌之。二〇〇六年六月於台北。

是你讓兩岸分不開

你一出生就拆了台獨的野台戲
並在兩岸架起一座橋
以及向上銜接
堯舜禹湯文武周公孔子韓愈孔德成
向下與四海包容當代中華子民

你一開始就以三千四百公克
撐起中華一貫道統
撐起兩岸一片藍天
制壓篡竊偷盜、分離主義及邪魔歪道

那些毒草與篡竊者一聽到你老老老……
老爸「孔子成春秋而亂臣賊子懼」
就嚇的皮皮剉

附註：孔子第八十代嫡長孫孔佑仁，於今年（丙戌）元旦在台大醫院誕生，出生時體重三千四百公克，他的世襲官位是「大成至聖先師奉祀官」，主要任務是祭祀孔子，以傳承和維護中華文化，他也是中國一貫道統的象徵。這個二千多年不斷的道統，是全世界的唯一，西方亦有聖人，惟無道統，其子孫今安在？

孔子的第十代孫孔忠，生於漢文帝時；二十代孫孔完，生於漢靈帝建寧二年（西元169年）；三十代孫孔渠，生於北齊文宣帝天保元年（550年）；四十代孫孔振，生於唐懿宗咸通四年（863年）；五十代孫孔拯，生於金熙宗皇統二年（1142）；六十代孫孔成慶，生於明成祖年間；七十代孫孔廣棨，生於清雍正九年（1731年）；八十代孫孔佑仁於今（2006）年誕生，他是我國世襲的特任官，官職全銜是「第八十代大成至聖先師奉祀官」，他雖小，意義格外重大。

從一個最高層次，最深層宏觀來看這個「萬世一系」的生命延續。象徵著中國儒家思想和中華文化的正統性，中國歷史所謂「正統」和「道統」由此而來，合於這個「規格」的政權才能叫合法的政府。所以，台灣獨派政權之所以走不下去，「去中國化」和「分離主義政權」之所以走入死路，便是違反了此一中華文化傳承的「基本規格」。

目前台灣藍綠兩陣營正在對峙中，綠營人馬所要對付的不止是藍營，實際上是對上了中國一貫道統，在中國歷史上，面對一貫道統，分離主義政權贏的機會是零，孔佑仁現在雖小，卻是篡竊分離偷盜者的「天敵」。（誌於2006年六月台北）

駙馬非馬

聽不到雄壯威武的馬蹄飛揚
看不見光明正大的行空雄姿
因為駙馬非馬
只見一顆其大無外如宇宙般包天的膽
還有一張深不可測如黑洞般吞象的嘴
靠山吃海、靠海吞山
包山包海
腐肉和鮮肉通吃
駙馬非馬
是恐龍和禿鷹交配產生的異形

或者
像一雙沒頭沒腦沒身體
會走路的兩隻腳
而那控制的身體和頭頭在那裡呢？
還在更高層

補記：第一親家、駙馬的貪腐是單獨的「個案」嗎？沒有第一夫人的「授權」，敢嗎？根本就是扁家搞錢的工具。作於二〇〇六年七月。

「馬流感」之禍

沒想到一隻駙馬感染了馬流感，竟快速
禍害群馬
其實牠是壓垮駱駝的最後一隻馬

高層整個結構體早已
貪婪、腐化、惡化，進而妖魔化
生物的善性也已異化、質變
病毒擴展到全身，其心肺、腦部目前處於
瀕死邊緣，惟死而不僵

而此刻，正在最後掙扎和劫奪
大口吃錢吃肉，吞食一切可以吃的

惟消化不良，不斷反胃和嘔吐
且在人民正義力量的壓力下
零零星星又吐了一些出來

但「馬流感」毒素到處擴散
整體結構即將崩潰、瓦解，終至滅亡
更恐懼人民力量和正義之士，導致
整個身體正在抽搐、顫抖
骯髒而含有「馬流感」病毒的
唾液、嘔吐物、排泄物和割除的腐肉
灑向全民、全世界
整個島嶼將因此種絕症感染而沈淪、沈淪

部份同類仍不願依「安寧緩和醫療條例」
進行安樂死

讓牠去吧！牠不入中陰，直墮惡道
萬般帶不走，只有業相隨
未到奈何橋，冤鬼已來找
沒有「馬流感」，人間有藍天

寫於二〇〇六年六月，駙馬之禍時

附件

捍衛中國正統、仁政與春秋大義價值

——兼論人民如何面對不公不義的「非法正權」

支持人民革命，推翻不仁不義的政權

支持施明德百萬人民倒扁

支持「民盟」革命，推翻暴政

壹、前言

一、世界的價值觀隨時在變，三年一小變，十年一巨變，並不足為奇，惟其中有不變者，具有透穿時空的永恆力，是為「真理」。中國歷史上，永恆不變的「真理」為何？無疑的便是正統、仁政和春秋大義，這套價值系統，有「千年憲法」的地位，凡是違背這套價值觀的統治者，例如篡位者、竊國者、暴君及所有用非法手法偷（謀）取大位者，都是「非法政權」。

二、公元二〇〇四年的中華民國總統大選，陳水扁政府設計「319槍擊竊案」，用不公平、作票、作弊、違憲、違法手段，謀取大位，各界質疑，而真相仍拒絕調查，一再「以拖待變」。此情此景，陳水扁政府已經是「非法政權」。

三、以中華民國總統的身份，不斷向台獨操作傾斜，選後接受國外媒體訪問就說，冒戰爭風險，也要台獨建國，不顧民命，是謂「現代暴君」，聞誅一夫，未聞拭君也。現狀，民進黨政府也已經是「非法政權」。

四、面對「陳水扁偽政權」，「民進黨偽政府」，人民只有啟動「第三次革命論」（簡稱「三次革命」）機制，推翻它，才是救中華民國，兩岸免於戰爭之途徑。

貳、政權取得的途徑與存在要件

一、政權取得的途徑

古今中外國家政權的取得方法，看似林林總總、五花八門，如美國獨立、越南和東、西德統一、新加坡建國等，世界各國沒有兩個案是相同的。但仍然可以簡化成兩個途徑。

第一，逆取：用暴力、武力手段取得，通常發生在國家初建立之始，如革命、造反或篡位。尤其「革命」與「造反」，有時指「同一件事」的「不同階段」。國父孫中山先生發動國民革命，初期就叫做「造反」，隨著「合法性」（**Legitimacy**）升高，終於取得「革命」的合法性地位，得到最多的支持，獲取政權。

第二，順取：用和平、法律手段取得，通常是國家建立之後，政治發展過程中，也建立法治及政治制度，在公平、公開、公正並合乎社會正義原則，競逐大位，得到相當程度（法律規定）支持，獲得政權。

二、政權存在的要件

自從「不公平選舉」（公投綁大選）以來，各界質疑者正是政權存在的兩個要件，合法和合法性。欠缺這兩個要件，絕難長久存在，縱使存在也只能「拖」一時。

第一，合法（**Legality**），合乎憲法、法律之要件或程序，且合於程序正義，刻意操作軍、憲、警、選務、情治、海巡單位人員不能投票，乃違法、違憲行為。即一般所說違反法律與正義原則。

第二，合法性（或叫正當性），乃人民心中所認為「天經地義」的事，是人民心中所共認的「是」。例如和平、公正、公開、正義，乃至忠孝節義都是，現在陳水扁被全台灣有一半以上的人懷疑，所以他現在叫「陳嫌」。

第三，有了「合法」和「合法性」，大體上便能走上「正統、仁政和春秋大義」的途徑，一個合法的政府才能得取民心，推行仁政，守住春秋大義，此三者是不能割離的，是完整的一體。

參、民進黨政府已經是「非法政權」

不論作票、作弊或槍擊事件調查的如何！真相如何！其實沒有真相了，拖了很久尚不能成立真相調查委員會，太可疑了，也太清楚了，很多証據都消毀了（二〇〇四年四月八日飛碟電台晨間新聞引李昌鈺說），大選過程違法、違憲、違反公正原則，而使民進黨政府成為「非法政權」已可確認。

一、在政權取得的途徑上是「逆取」的，沒有「革命」的合法性基礎，卻有「篡、竊」的証據。媒體和泛藍謂之「竊國」正是，故為「非法政權」。一個非法政權而持續存在，是泛藍失職，也是這個時代人民的失職。

二、違法、違憲的選舉，沒有合法性支持的政府，故謂之「非法政權」。一個欺騙、不誠的政權在其他民主國家早下台了，台灣為何姑息？驗票已驗出成千上萬個作假、作票、作廢的證據，也可以用權力、硬拗，司法單位一點辦法都沒有。

三、不顧人民死活，要冒戰爭風險搞台獨，陳水扁和古代的暴君一樣，他是現代暴君。推翻暴君（暴君放伐論）是人民的權利。

四、選舉本來是民主政治的權力遊戲，有輸有贏也沒有甚麼！關鍵在民進黨的操作手法不僅違法、違憲，也違反道德原則，民進黨玩的是「叢林法則」、「戰爭遊戲」，此違反民主原則，所以是「非法政權」。台灣多數人民和司法若看不到這點，便証明台灣「民主已死」。

肆、這個「非法政權」現在正在做甚麼？

正如同快垮台前的滿清政府，或袁世凱政權，他心中知道人民的力量是很大的，那些即得利益者便更積極的鞏固勢力，不斷向人民假裝「示好」，企圖降低人民的反對力量，企圖拖垮泛藍勢力，拖垮中華民國。這是無恥的政權，沒有禮義廉恥的政權。

一、策略上「以拖待變」，使証據不斷「消失」。拒絕全面驗票，亦未答應成立真相調查委員會，「非法政權」還會再拖，拖垮泛藍，便等於拖垮中華民國。

二、不斷放出「善意」的迷霧，阿扁要「傾聽」、「理解」、「慈悲」、「安慰」、「撫平族群傷痕」……。另一個角色呂秀蓮說泛藍在「無理取鬧」，李登輝說他現在反對台獨了。天啊！人民，你是白痴嗎？一群騙徒騙走了我們的感情。

三、抹黑、裁贓、滲透、嫁禍給連宋、泛藍或靜坐學生。這是獨派一向的高招，在泛藍集會場、學生靜坐的地方，派人滲透進去，製造暴力事件，嫁禍給泛藍。派打手（如辜寬敏）上節目，不斷抹黑，這種嫁禍給學生、泛藍的手法，依據最近媒體報導，已經有跡可循了，可惜，連宋陣營似乎尚無警覺，泛藍這群人太天真了，有必要也用相同方法反制。

四、民進黨的外圍，台聯和長老教會現在又在做甚麼呢？報載正為台灣祈福。大家回顧這些長老教會人員所為，搞分離主義、搞台獨、撕裂族群、社會動亂……無所不用其極，其極中之極者就是高俊明、李登輝。熱愛中華民國的同胞們看清楚，這些人好話說盡，壞事做絕。當面說「愛」，轉身就「賣」了你，小心！當面說「包容、慈悲」，背後出刀，亂刀把你砍死。

五、二〇〇五年十二月的「三合一」大選，民進黨慘敗，證明非法政權，不行仁政（倒行逆施）及偏離春秋大義的政權，必受人民唾棄，到二〇〇六年元旦，阿扁又說要「制訂台灣新憲法」，顯然獨派執政者還沒醒來，還在倒行逆施，操作台獨議題，會「死的很慘！」

六、這個「非法政權」現在正在做甚麼？其實他們並非「正在做」，他們老早就在做，他們也有策略目標，操作細緻，如同把青蛙放在鍋裡慢慢加溫。很多人中毒而不自覺，死之將到而不自知。我把他們的操作流程繪一簡表，就很明白了。

（到93年7月「七二水災」時，獨派已開始清洗原住民了，把他們請到中南美洲。）

李登輝、陳水扁等獨派的陰謀圖解

無限上綱—福佬（河洛）沙文主義（用台灣民族主義包裝）

↓

由台灣福佬人控制所有族群和利益

↓

消滅泛藍、中華民國台灣化

↓

中華民國招牌—台灣共和國內容

↓

相機消滅中華民國—成立台灣共和國—福佬人的國度

一旦他們搞成了，福佬人（河洛、閩南人）就是台灣的「山大王」。福佬人水遠坐在「轎」上享受榮華富貴（也不可能，戰爭已毀了一切）。而其他族群，只有幫忙拾皮包、拿拖鞋，或抬抬轎子的份。

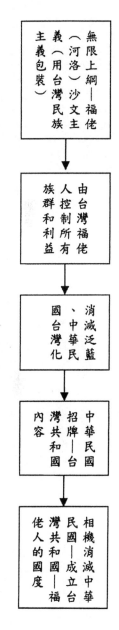

我這樣講可能有些人不懂，我說的直接些，給李登輝、陳水扁這些福佬人搞成的話，外省人和客家人以後都會成為「台灣的猶太人」，被大量的「清洗掉」。如同希特勒「清洗」猶太人一樣，李、陳二人就是台灣的希特勒。

面對一個違法、違憲、不公、不義、不正的台獨非法政權，一個恐怖政權，不顧人民生命財產要冒戰爭風險，就是「現代暴君」，對於「非法政權」和「暴君」，人民必須依據「暴君放伐論」，起而推翻此種違反正義原則的政權，古今中外的歷史皆然，毫無例外。台灣人民如果縱容此種不公不義政權，台灣的民主就可以宣佈死亡，未來還有前途嗎？我們還有甚麼資格要求孩子們要誠實？有甚麼資格要求學生考試不准作弊？

伍、啟動「第三次革命」機制的理由

國民革命運動自國父孫中山先生啟動，一百多年來，澎拜洶湧，至今「革命尚未成功，同志仍須努力」。我們努力的目標是中國之民主與統一，但也可以說是推翻非法政權及放伐暴君：

第一吹革命：推翻滿清政府，建立民國。

第二次革命：推翻袁世凱政權，回歸民國合法政權。

第三次革命：捍衛中華民國，台獨非法政權下台，完成中國的和平統一。

這裡所謂的「第三次革命」，指中國的和平統一，也就是兩岸問題的解決，這個解決過程充滿變數，若中華民國繁榮安定，則可能兩岸經由和平方法，解決「一個中國」問題；若台灣搞獨立，中華民國只剩「空殼」，甚至亡了，則可能出現「弔民伐罪」，以武力統一中國的局面。

陳水扁政府現在已經是非法政權，一定要下台，是為捍衛中華民國，這個目標只有「啟動第三次革命」才能達成。其理由在「合法」和「合法性」，前面已說了。另一個原因是「暴君放伐論」的依據，須要進一步解釋。

「暴君放伐論」中外歷史都有，這個理論給了人民對不公不義的統治者，有革命的合法權。歷史上（今現代）的暴君都被人民用這個權力放伐推翻，那麼甚麼叫做「暴君」最簡單的定義是「不顧人民死活」。如此，也就失去當一個國家統治者的合法性（正當性），暴君人人得而殺之。「孟子」梁惠王下：

齊宣王問曰湯放桀，武王伐紂，有諸。孟子對曰於傳有之。曰臣弒其君，可乎。曰賊仁者謂之賊，賊義者謂之殘。殘賊之人謂之一夫，聞誅一夫紂矣，未聞弒君也。

現在關鍵是李登輝、陳水扁、呂秀蓮等人，是否合乎「暴君」的定義。按最近「陳嫌」接受國外媒體訪問，他說冒戰爭風險也要台獨建國，那台灣豈不「將要」血流成河，現在還沒有，但也已經「正在有」了。所以，那些人「正在成為暴君」，把兩千三百萬人——不，是青蛙，放在鍋裡，正在加火。面對這樣不顧人民死活的「非法政權」，我們用一切方法推翻，都是合法合理的。

我們不能等火燒熱再研究如何推翻，來不及了，現在就要啟動「第三次革命」機制，放伐暴君，長期抗爭，推翻台獨「非法政權」，聞誅一夫，未聞弒君也。不如此，中華民國將亡也！

二〇〇六年元旦，陳嫌又說要製定台灣新憲法，又在操作台獨，不知台灣有甚麼機會、能力可以獨立?

陸、如何動動「第三次革命」機制?

一、最高指導原則：

(一)國、親、新三黨必須團結合併或整合在一起，才能團結人民。
(二)議會鬥爭和群眾運動路線相結合，泛藍的民意代表還要學習。
(三)體制內和體制外鬥爭相結合，包含結合紅色力量，圍剿島內獨派。
(四)合法途徑和非常手段併用。
(五)戰爭和準戰爭手段的運用。
(六)華僑仍為革命之母，國內外相結合連擊。
(七)結合次要敵人和朋友，打擊主要敵人（台獨）。
(八)這是數十年，乃至百年的長期鬥爭。
(九)現在，要拉長戰線，擴大戰爭面，才能凝聚泛藍戰力。

二、說明：

(一)熟愛中華民國的人們!不要怕，勇敢的說出來，站出來!問你身邊的「綠朋友」

一句話：吃中華民國的糧餉，為何不愛中華民國？「去中國化」之後，台灣還剩下甚麼？是不是要回到「石器時代」？

(二)藍綠對決，難免一戰，國父革命也要和保皇黨對決，面對非法政權、暴君、只有起而應戰。

(三)誰是次要敵人？誰是主要敵人？誰是朋友？現在情勢愈來愈明顯，這一套現在搞台獨的人以前在海外也搞過，他們結合中共力量企圖顛覆當時的國民黨政權。現在大陸的共產主義開始質變成溫和的社會主義，甚至回歸「中國化」。以中共當「主要敵人」的實質要件已經很低（百萬台商，千萬旅客怎麼會深入敵營？）可見中共（中國）已經是朋友，而台獨升格成為「主要敵人」。

(四)在中國歷史上，凡是「非中國化」者，都是「非法政權」。例如：大陸在毛澤東時代搞馬列主義「去中國化」，我們就叫他「偽政權」，「偽」者不義的、非法的。現在的台獨政權也搞「去中國化」，它是非法政權至為明顯。是一個「陳水扁偽政權」。

三、機制啓動

(一)如同中山先生號召國民革命運動，現在要號召人民，教育人民，起來捍衛自己的國家——，中華民國。這是國民黨和泛藍朋友們的百年事業。智慧、人力、物力，財力，必須投入此一運動，這是國民黨的「天職」。

㈡軍、公、教、警等這一塊藍色版圖必須鞏固，分清敵我，台獨勢力已經成為「主要敵人」，你的槍和筆當然指向「非法政權—主要敵人」。軍公教警是維護歷史正義、春秋大義和正統價值，最堅定的長城。

㈢依「暴君放伐論」，誅一夫是合法的，人人得而誅之，這一招國父也用過。所以，我很同意四月七日目李濤節目中有位發言人說，五十萬人衝進總統府。這是「政變」的方法，應該叫「革命」，阿扁可以竊國，可以用騙的手段拿大位，人民就有權革命（含政變）。

㈣群眾運動要持續下去，支持工運、農運，支持大學生「野百合運動」。而且力量、規模要不斷擴大。擴大。擴大、我們追求公理、正義：我們追求誠實、真理，只要泛藍永遠守住仁政和正統價值，就一定能得廣大民心支持

㈤前述最高指導原則都化為行動。在海內外、在議會、在任何政府機關、在街頭、在群眾運動……。泛藍的朋友「硬」起來，愛中華民國的人都「硬」起來，第三次國民革命運動機制啟動了，現在的連戰不夠硬，泛藍不夠強，群眾動起來，給他們力量。

㈥呼籲泛藍有能力的朋友，在全省各地成立「地下電台」、「地下雜誌」，「地下報紙」，以反制綠營的「地下抹黑」、「地下抹紅」，擴大反擊力量。結合一切愛國力量：如「洪門組織」、「愛國同心會」等。對台獨勢力展開攻擊、鬥爭。

現在的反對黨（泛藍）都是失職的，「洪門」的中國民族主義那裡去了，都應該反省、

檢討、保衛中華民國，完成中國之現代化及統一運動，是泛藍和洪門的歷史任務。

柒、釋疑

一、有多少人會支持「第三次革命」

一時很難說，國父革命開始的支持度可能不到百分之一，台獨開始造反時的支持度也很低，但現在顯然大大高漲，可見人民須要「啟蒙」和教育，以前國民黨用「灌輸法」。這是不對的，要用「啟蒙法」。自古人民就唾棄不公、不義的非法政權，唾棄貪污、腐敗的「吃錢政權」；唾棄作票、作案的「偽政權」的行為，這是人民的天賦人權。讓人民看清台獨的真相，看清民進黨「吃錢」的真相，「第三次革命」的支持度就會上升。二〇〇五年十二月的「三合一」選舉不就證明了嗎？泛藍要有信心。施明德「倒扁」運動也證明了，大家要有信心。

二、台獨那些人玩群衆運動起家，泛藍玩得過他們嗎？

照歷史上看，民進黨和共產黨玩群眾運動確有高招，國民黨在大陸上玩輸共產黨，現在又輸給台獨份子，最大的原因是國民黨，自己把手腳給綁起來了，怎麼說呢？

共產黨、民進黨用叢林法則，玩戰爭遊戲；國民黨用民主法則，玩法律和行政遊戲。

兩者在不同的平台（不公正的平台），叢林法則和戰爭遊戲可以天馬行空，而民主法治遊戲卻必須中規中矩。前者是小人，可以無所不為；後者是君子，有所不為。

但是，「三二七要真相、拼民主、救台灣」運動，讓泛藍有學習機會，也開始領悟到一些道理，開始知道人民力量的運用和藝術。現在泛藍也可以體會「天馬行空」的滋味了，我們有合法性的招牌「中華民國」，自古邪不勝正。升高對立面，拉長戰線，用戰爭遊戲和民進黨「玩」下去，周旋到底。切記！仁政思維、春秋大義和堅持正統，是泛藍的「大寶」，民心在這裡。

三、敢出來支持泛藍的都是一些老兵嗎？

以前也許是，但「三二七」開始改觀了。我自己從「三二〇」以後，親自到總統府，中正紀念堂十多次，親自製作文宣品在現場分發，也觀察「眾生相」。以學生、上班族、中產階級、帥哥、美女、家庭主婦、中間選民較多，應有七成以上，這表示有更多年青族群看不下去了，他們看清一個事實，「李登輝、陳水扁這群台獨份子才是台灣禍源、亂源。」無疑的，對泛藍陣營而言，這是「天上掉下來的機會」，給泛藍轉型的大好時機。

四、現在泛藍或野百合學生運動對「非法政權」有用嗎？

沒有用，因為「力量」太弱，古今中外一切反制政府都唯有「力」是賴，工運、農運、學運及反對黨的制衡作用都是。所以沒有巨大的力量，統治者絕不會理你。泛藍再弱下去，台灣將沒有反對黨（賀德芬觀點）。又成為民進黨獨裁，進入「綠色恐怖」。

五、革命是要付出社會成本，大家願意嗎？

是的，天下沒有白吃的午餐，但成本有高有低，革命也有和平革命、光榮革命，在何種情況下要升高革命的「撞擊力」，端看「戰略態勢、戰略目標、階段目標。」三者如何佈局，取「最有利之方案」。

泛藍陣營人才多多，懂龍韜虎略之人到處有，端看如何團結合作，共成大業。前面說過：人民須要啟蒙、教育，讓人民知道我們在追求更高的公義，在保衛國家，那麼大家會容忍甚至願意付社會成本。抓住民心，人民就願意付出成本，堅守正統、仁政思維和春秋大義，是中國歷史上唯一可以抓住民心，取得人民信任的不二法門，中山先生革命成功的活水源頭，就在此三者之中。滿清末年因失此三者，而成貪污腐敗的「非法政權」。

六、扁陣營不是在釋出「善意」嗎？

表面上是，他們不斷的說要「傾聽」、「理解」、「和解」，台灣基督教長老教會（獨派外圍）和台聯也說「為台灣祈福」，「二二八牽手」說愛台灣……但有誰感受到「誠意」，沒有吧！大家只感受到阿扁釋出一個接一個的「騙局」。兵法上這叫「能而示之不能，進而示之退」。扁陣營真是「吃人民夠夠」，以為人民都笨蛋。

綠營的笑臉背後，正伸出一把血淋淋的刀，正在把藍營五馬分屍，一塊一塊的生吃，「團結、戰鬥」是唯一生存下去的法門，所謂扁營的善意，只是「鱷魚的眼淚」、「狐狸的安慰」，真相信了，你就死無葬身之地。

七、問題是現在泛藍好像不夠團結，怎麼辦？

果如此，中華民國只好讓它亡國吧！成就了中國之統一大業，也算功德一件，所以說泛藍一定要團結，只有中華民國存在，泛藍才有前途，馬英九、王金平等人才有前途。中華民國繁榮安定，兩岸才有和平統一機會。現泛藍太軟弱了，像一隻小白兔，人家到你的黨部來殺人、捉人、打人，你都沒有反應。若中華民國沒了，泛藍不管那一派，都沒前途了。現在反對黨是「失職的反對黨」，泛藍該看民進黨以前是怎樣當反對黨的。

所以，未來抗爭的主軸在「拼公道、找真相、救民主，救台灣，推翻非法政權，捍衛中華民國」。而不是光為泛藍，更不為連宋或黨派。如果容許一個非法不公、說謊不誠的政黨存在，容許一個「竊」國的政權存在，我們如何要求孩子要誠實？如何要求學生考試不准作弊？

捌、結論

一、民進黨用不公不義的非法手段謀取大位，已經失去「合法性」，是不折不扣的「非法政權」，人民不該縱容「非法政權」存在。

二、「冒戰爭風險也要台獨建國」，不顧人民死活，等同暴君，聞誅一夫，未聞弒君也，人人得而誅之，推翻不法政權。

三、同胞們！你冷靜的想一想，為什麼袁世凱「竊國」我們要推翻他？為什麼陳水扁「竊國」我們要容忍他？你的理由是安定嗎？那以後小偷強盜也是合法的。我們還有甚麼資格要求孩子、要求學生，要誠實？要公正？請當父母、老師的人想一想。

四、選舉過程諸多手段不乾淨（縱容地下電台散佈連宋配合中共暗殺陳水扁、公投綁大選、用國家資源做廣告、操作軍警不能投票製造假槍擊案等數十項），後來驗票，也驗出成千上萬的作票、作假證據，綠營還是用權力硬拗，死不承認，不道德、不誠實、不乾淨、不合法，太多人質疑，不夠格成為中華民國總統，成為國際笑話，成為千百年笑話。

五、人民面臨一個「非法總統」、「非法政權」，一個「現代暴君」，怎麼辦？如前述啟動「第三次革命」機制，號召人民起來以各種形式推翻它，捍衛合法的中華民國政府。

六、熱愛中華民國的朋友們！熱愛公理正義的朋友們，現在我們要起來捍衛自己的國家，支持「野百合運動」，一起聯合海內外所有愛真理、愛公義的力量，推翻不公不義、貪贓竊國、吃相難看的民進黨「非法政權」。

回顧中國幾千年歷史，政權轉移上的「正統」，施政上的「仁政」思維，這是一種春秋正義的堅持，合乎中華子民生生世世的利益，這就是永恆的價值，「千年憲法」，不可背離，凡是違反這個永恆價值者，即違背民心，即是「非法行為」，人民有起來革命的權利。

後記：本文寫於「319 槍竊案」後，曾在總統府、中正紀念堂的泛藍活動中大量印發，至二〇〇六年初春，重修並列為本書附件。到二〇〇六年的年中，扁陣營的貪污案一個個被爆料出來，要求下台之聲如排山倒海而來。施明德高舉「禮義廉恥」要求陳水扁下台，呼籲支持倒扁，也支持「民盟」以革命手段推翻暴政。為本書出版前最沈痛之「籲天錄」。